社会资本视角下村民参与乡村治理研究

郑功帅 ◎ 著

SHEHUI ZIBEN SHIJIAO XIA
CUNMIN CANYU XIANGCUN
ZHILI YANJIU

华中科技大学出版社
http://press.hust.edu.cn
中国·武汉

内 容 简 介

党的二十大提出全面推进乡村振兴的目标,村民能否有效参与乡村治理是乡村能否全面振兴的关键所在。为回答好这一时代之问,为理论研究添彩,为实践发展赋能,在学术界已有研究的基础上,本书以社会资本为视角,分六章,对村民参与乡村治理进行理论与实证分析。第一章为导论,主要介绍本书的研究背景与研究意义、国内外研究现状、研究思路、研究方法及创新之处。第二章阐明了村民参与乡村治理的理论依据及实践依据。第三章分析了村民参与乡村治理的背景及特征。第四章探究了村民参与乡村治理的机遇与挑战。第五章以X村为样本,对社会资本视角下村民参与乡村治理进行实证分析。第六章从六个方面,对如何丰富和发展社会资本,促进村民参与乡村治理进行全面、深入的分析和探讨,这是本书研究的重点和难点。这六个方面分别是以党建引领促村民参与、以价值认同促村民参与、以利益共享促村民参与、以协商民主促村民参与、以数字赋能促村民参与、以社会组织促村民参与。

图书在版编目(CIP)数据

社会资本视角下村民参与乡村治理研究/郑功帅著.—武汉:华中科技大学出版社,2024.4
ISBN 978-7-5772-0802-2

Ⅰ.①社… Ⅱ.①郑… Ⅲ.①农村-参与管理-群众自治-研究-中国 Ⅳ.①D638

中国国家版本馆CIP数据核字(2024)第084936号

社会资本视角下村民参与乡村治理研究 郑功帅 著
Shehui Ziben Shijiao xia Cunmin Canyu Xiangcun Zhili Yanjiu

策划编辑:袁 冲	封面设计:孢 子
责任编辑:李曜男	责任监印:朱 玢
出版发行:华中科技大学出版社(中国·武汉)	电话:(027)81321913
武汉市东湖新技术开发区华工科技园	邮编:430223

录 排:武汉正风天下文化发展有限公司
印 刷:武汉科源印刷设计有限公司
开 本:710mm×1000mm 1/16
印 张:11.5
字 数:188千字
版 次:2024年4月第1版第1次印刷
定 价:48.00元

本书若有印装质量问题,请向出版社营销中心调换
全国免费服务热线:400-6679-118 竭诚为您服务
版权所有 侵权必究

前　言

党的十九大报告指出:"农业农村农民问题是关系国计民生的根本性问题,必须始终把解决好'三农'问题作为全党工作重中之重。要坚持农业农村优先发展,按照产业兴旺、生态宜居、乡风文明、治理有效、生活富裕的总要求,建立健全城乡融合发展体制机制和政策体系,加快推进农业农村现代化。"十九大报告明确将"治理有效"作为乡村振兴的总要求之一,而二十大报告又进一步指出实现"治理有效"的路径,提出"完善社会治理体系。健全共建共治共享的社会治理制度,提升社会治理效能"。在当前乡村治理实践中,随着"有效治理"的内涵日益丰富,在着重强调经济效益、政策执行的基础上,社会效益逐渐被重视,村民参与、村干部与村民互动、村庄和谐等要素逐渐被提升到乡村治理的关键位置。2019年中共中央办公厅、国务院办公厅印发的《关于加强和改进乡村治理的指导意见》指出,要加强和改进乡村治理,深化村民自治实践,发挥村民在乡村治理中的主体作用。在党和国家的高度重视下,各级政府及乡村自治组织积极探索发挥村民主体作用的政策和措施,促进村民有效参与乡村治理。因此,如何在乡村治理中提高村民参与的质量与水平,优化村民多元参与机制,促进乡村有效治理的实现,便成为推进乡村振兴、实现基层治理现代化过程中需要解决的重大问题。乡村治理的主体是村民,村民既是乡村治理的目的主体,又是动力主体。要提升乡村社会治理效能,就必须充分调动村民参与乡村治理的积极性,而这并非易事。时下的乡村早已不是改革开放以前的乡村,在从"单位人"到"社会人"后,人们的生产生活环境以及内心对美好生活需求的层次都已经发生很大变化,集体主义"式微",原本一声令下即可广泛动员村民参与村庄公共事务的社会条件已经不复存在。传统乡村中"差序格局"下的"一根根私人联系所构成的网络"[①]，早已在时代浪潮的冲击下变得七零八落。从"熟人社会"，到"半熟人社会"，乃至"陌生人社会"，乡村正在发生巨大改变。村民早已不是原来的村民，乡村也不再是原来的乡村。面对此情此景，如何才能把村民重新团结起来，形成推进乡村全面振兴的强大合力，无疑是当下乡村的一个重大时代课题。围绕这一课题，学术界展开了深入广泛的研究。有学者认为，必须坚持政府主导，不断满足群众的利益诉求，以此调动群众参与乡村治理的积极性。也有学者认为，应坚持社会主导，通过打造强势社会组织激发村民参与乡村治理的活力。但乡村治理的实践和学术界的研究都表明，无论是"政府主导"[②]还是"社会主导"[③]，都无法充分调动村民参与乡村治理的积极性和主动性。这表明，村民参与乡村治理的影响因素十分复杂，既不是简单的物质原因，也不是简单的精神原因，仅从某一方面发力无法扭转村民消极参与乡村治理的局面。

基于此，在前人研究的基础上，本书提出以社会资本为视角，从多个方面来重新审视当下的村民参与乡村治理。为了研究方便，以下两个概念需要界定清楚。一是本书所谓的社会资本，是指社会组织的特征，如信任、网络和规范等，能够通过推动社会协调发展，实现社会效率的提升（Putnam，1993）。社会资本的核心要义是信任与合作，强调集体行动中的相互信任。因此，作为正式制度的补充，乡村社会资本有助于推动资源整合、政策执行和社会规范，实现乡村治理作用的最大化[④]。二是本书所谓的村民，与传统意义上的村民有所不同。传统意义上的村民是指拥有本村户籍并在村里有固定住所的人。本书中的村民，是一个宽泛的概念，包括三类人，即原乡人、新乡人、归乡人。原乡人，即原本就居住和生活在村里的村民，有本村户籍，也有固定住所。新乡人，即原本不是这个村的村民的人，既没有出生在村里，也没有本村

---

① 费孝通.乡土中国[M].北京：北京大学出版社，2012：42.
② 张云生，张喜红.发挥农民的主体作用助力乡村振兴战略实施[J].新疆社会科学，2021，(06)：161-168+171.
③ 叶敬忠，张明皓，豆书龙.乡村振兴：谁在谈，谈什么？[J].中国农业大学学报(社会科学版)，2018，35(03)：5-14.
④ 罗明忠，魏滨辉.乡村治理、社会资本与农村收入差距[J].中国农业大学学报(社会科学版)，2023，40(06)：116-136.

户籍,只是由于某种原因,如婚姻、创业、就业等,来到这个村里并长期定居。这类村民在一些较为发达的乡村比较普遍。归乡人,即原本就是这个村的村民,由于某种原因,如升学、就业、创业等离开村子,后来主动或被邀请回到村里,在村里创业、就业并长期定居的村民,如返乡就业大学生、回乡创业的乡贤等。

中国传统乡村是一个社会资本丰富的社会,人们基于"信任、网络和规范"和谐地生活着,村庄的一切都与每个人密切相关,村庄利益便是个人利益,为了维护村庄利益甚至可以牺牲个人利益。在当下的乡村,社会资本维系的根基已经动摇,发展的土壤也已经发生深刻变化,人们之间缺乏信任,做事不再遵循"规矩",个人与集体的关系也变得松散。要重新激发人们参与乡村治理的积极性,就必须注重培育和发展村庄的社会资本。因此,本书在大量实证调研的基础上,综合运用文献研究、问卷调查、座谈走访、实地考察等方法,深入探究乡村社会资本的现状,深刻把握社会资本对村民参与乡村治理的影响,并在此基础上进一步探究如何通过恢复和重建社会资本激发村民参与乡村治理的积极性。本书从以党建引领促村民参与、以价值认同促村民参与、以利益共享促村民参与、以协商民主促村民参与、以数字赋能促村民参与、以社会组织促村民参与六个方面提出具体对策,以期对推进乡村治理体系和治理能力现代化、实现乡村全面振兴有所裨益。

本书在撰写的过程中,参考借鉴了大量国内外学者的著作和论文,引用了许多专家和学者的研究观点,在此一并表示诚挚的感谢!可以说,没有这些学者的研究成果作为支撑,便不会有本书的问世。虽然本书已经尽力在注释和参考文献中列出参考的研究成果,但百密必有一疏,如有遗漏之处,敬请各位专家、学者谅解。

党的二十大报告指出:"全面建设社会主义现代化国家,最艰巨最繁重的任务仍然在农村。"乡村全面振兴,是国家前途之所系,也是我们每一位中国人幸福生活之所系。村民有效参与,是推进乡村全面振兴的关键所在。正如上文所言,村民能否积极主动参与乡村治理是一个实践难题,也是一个理论难题。因本人才疏学浅,本书只对这一领域进行了粗浅的探讨,无论是研究的广度还是深度,都还有许多不足之处,在此恳请广大读者在阅读本书时不吝赐教。

我出生于一个农村家庭,对乡村有着与生俱来的深厚感情。乡村的美丽风景、淳朴民风和丰富文化底蕴,都深深地烙印在我的心中。工作以来,我始终把乡村振兴作为学术研究的重点领域,致力于探寻乡村发展的内在规律和前景。我深知,乡村振兴不仅关系到亿万农民的福祉,更是共同富裕和中国式现代化的基石。本书的研究成果,只是我在村民参与乡村治理这一领域的初步探索。乡村治理是一个复杂、多元的领域,除了社会资本,还有诸多值得深入研究的视角。乡村经济结构、生态环境保护、传统文化的传承与创新等方面,都与乡村治理息息相关。今后,我将秉持初心,继续致力于乡村治理研究,不断拓展研究的广度和深度,不断提升研究的质量和水平。同时,我也期待与更多读者共同探讨乡村治理问题,共同推动乡村的全面振兴和共同富裕。

目　　录

第一章　导论 ………………………………………………………… 1
　第一节　研究背景与意义 ………………………………………… 1
　　一、研究背景 …………………………………………………… 1
　　二、研究意义 …………………………………………………… 3
　第二节　国内外研究现状述评 …………………………………… 6
　　一、关于村民参与的研究 ……………………………………… 6
　　二、关于乡村治理的研究 ……………………………………… 10
　　三、关于乡村公共精神的研究 ………………………………… 11
　　四、关于社会资本的研究 ……………………………………… 13
　　五、关于协同治理的研究 ……………………………………… 16
　第三节　研究设计 ………………………………………………… 18
　　一、研究思路 …………………………………………………… 18
　　二、研究方法及创新之处 ……………………………………… 20
第二章　村民参与乡村治理的理论依据与实践依据 ……………… 22
　第一节　村民参与乡村治理的理论依据 ………………………… 22
　　一、治理理论 …………………………………………………… 22
　　二、人民主体理论 ……………………………………………… 25
　　三、利益相关者理论 …………………………………………… 27
　　四、共建共治共享理论 ………………………………………… 28
　第二节　村民参与乡村治理的实践依据 ………………………… 29
　　一、村民参与乡村治理，是对自身利益诉求的积极回应 …… 29

二、村民参与乡村治理，是乡村治理精准化的客观要求……………… 30
　　三、村民参与乡村治理，是乡村治理公正化的必然要求……………… 31

第三章　村民参与乡村治理的背景及特征……………………………………… 32
　第一节　村民参与乡村治理的背景………………………………………… 32
　　一、乡村治理模式的现代化趋势为村民参与乡村治理提供重要前提
　　　　……………………………………………………………………… 32
　　二、依法治国的推进为村民参与乡村治理提供坚实保障……………… 33
　　三、乡村振兴战略的实施为村民参与乡村治理提供强大动力………… 34
　第二节　村民参与乡村治理的特征………………………………………… 35
　　一、参与热情高但参与能力不足………………………………………… 36
　　二、权利意识强但法治观念淡薄………………………………………… 36
　　三、选举前在场而选举后离场…………………………………………… 37

第四章　村民参与乡村治理的机遇与挑战……………………………………… 38
　第一节　乡村治理现代化为村民参与带来新机遇………………………… 38
　　一、政策扶持酝酿难得机遇……………………………………………… 38
　　二、人员回归强化主体力量……………………………………………… 39
　　三、数字技术提供动力支持……………………………………………… 39
　第二节　村民参与乡村治理面临新挑战…………………………………… 40
　　一、利益联结不足带来的消极性挑战…………………………………… 40
　　二、乡土社会解构带来的松散化挑战…………………………………… 41
　　三、乡村文化式微带来的离散化挑战…………………………………… 42
　　四、基层组织内卷带来的低效化挑战…………………………………… 43
　　五、能力水平较低带来的弱参与挑战…………………………………… 44

第五章　社会资本视角下村民参与乡村治理的实证分析……………………… 45
　第一节　案例背景——"千万工程"………………………………………… 45
　　一、浙江"千万工程"开辟乡村振兴新路径……………………………… 45
　　二、浙江"千万工程"的逻辑……………………………………………… 47
　第二节　X村的乡村治理困境……………………………………………… 51
　　一、日常生活治理难……………………………………………………… 51
　　二、公共事务治理难……………………………………………………… 52

三、信访频发治理难 ·· 52
　　四、经济薄弱治理难 ·· 53
　第三节　X村村民参与乡村治理机制的构建 ····················· 54
　　一、干群信任的建立：村庄组织与制度建设 ··················· 54
　　二、利益互惠的达成：提升经济发展与公共服务水平 ········ 56
　　三、协商治理的运行：民主议事与信息公开 ··················· 59
　　四、合作网络的构建：日常互动与乡风建设 ··················· 61
　第四节　X村村民参与乡村治理实践的成效 ····················· 64

第六章　社会资本视角下村民参与乡村治理的路径探析 ········ 66
　第一节　总体目标：打造乡村"共治共同体" ····················· 66
　　一、强化"共治共同体"的治理共识 ······························ 66
　　二、明确"共治共同体"的治理结构 ······························ 67
　　三、完善"共治共同体"的治理机制 ······························ 69
　　四、提升"共治共同体"的治理能力 ······························ 69
　　五、优化"共治共同体"的治理环境 ······························ 70
　第二节　社会资本视角下村民参与乡村治理的现实路径 ······ 71
　　一、以党建引领促村民参与 ······································· 71
　　二、以价值认同促村民参与 ······································· 88
　　三、以利益共享促村民参与 ······································ 111
　　四、以协商民主促村民参与 ······································ 127
　　五、以数字赋能促村民参与 ······································ 141
　　六、以社会组织促村民参与 ······································ 155
　第三节　结语 ·· 167

参考文献 ··· 169

3

第一章 导 论

时代是思想之母,实践是理论之源。党的十八大以来,我国发展进入新时代,党的二十大又赋予新时代以高质量发展的内涵与要求。新时代乡村发展所处的新方位、所面临的新形势和新任务,是本书研究的根本立足点和现实依据。乡村治理在整个社会治理中处于基础地位,基础不牢,地动山摇。只有夯实乡村治理这一基石,中国式现代化这艘巨轮才能行稳致远。新时代我国社会主要矛盾发生转变,人民日益增长的美好生活需要和不平衡不充分的发展之间的矛盾也生动体现在乡村发展进程中,决定了乡村治理面临的新形势和新任务。只有组织发动村民积极主动且富有成效地参与乡村治理,才能适应新形势,完成新任务,进而推动乡村全面振兴、促进乡村共同富裕,以农业农村现代化助推整个中国式现代化。

第一节 研究背景与意义

一、研究背景

农业农村农民问题不仅是一个历史问题,也是一个现实问题。"全面建设社会主义现代化国家,最艰巨最繁重的任务仍然在农村"[1]。党的二十大做出的这一重要论断,充分彰显了我们党对"三农"工作的高度重视,也充分

---

[1] 党的二十大报告学习辅导百问[M].北京:党建读物出版社:学习出版社,2022:23.

体现了当前我国"三农"工作的艰巨性和复杂性。党的二十大报告明确提出建设农业强国的宏伟目标，为新时代解决"三农"问题指明了方向。从2019年中央一号文件提出"农业、农村"优先发展战略，到2022年中央一号文件提出加快"农业农村"现代化发展的意见，再到2024年中央一号文件对有力有效推进乡村全面振兴做出重要部署，中央对乡村振兴工作一如既往的重视为学术界注入强大研究动力。作为乡村振兴的重要标志和主要内容，乡村治理有效成为学术界关注的重点内容之一。随着我国经济社会的不断发展，乡村正发生空前的变化，大量年轻人走出乡村流向城市，乡村的空心化、老龄化日益严重，治理主体缺失，人才流失严重。虽然乡村振兴战略实施以来，这一现象有所扭转，但总体上乡村仍存在诸多不利于振兴的因素，村民这一治理主体有效参与乡村治理对乡村振兴和农业强国建设至关重要。因为无论是推进"三治融合"还是打造乡村治理共同体，最关键的因素是人，而村民又是乡村"人"的因素中最为重要的因素。而今，村民参与乡村治理的效能不彰，既有主观方面的原因（如自身素质不高、参与能力不强），也有客观方面的原因（如乡村社会资本的缺失、人际关系式微、村民互信减弱等）。在这种情况下，通过促进村民参与提升乡村治理效能显得尤为重要。其一，村民参与是乡村治理的动力之源。随着社会的不断发展进步，乡村治理面临的问题和挑战也日益复杂多样。村民参与能够为乡村治理带来新的思路和方法，推动治理的创新和变革。村民参与能够通过汇聚村民的智慧和力量，推动乡村治理更好地适应新时代发展的需要，提高治理的效能和水平。其二，村民参与是乡村治理的重要保障。村民参与能够促进乡村治理的规范化、民主化和科学化，提高治理的透明度和公信力。在村民的参与下，乡村治理能够更好地反映村民的利益和诉求，增强村民对治理的信任感和认同感，从而为乡村治理的长远发展提供有力保障。正是因为村民参与对乡村治理如此重要，本书选择以社会资本为视角，深入探讨如何促进村民参与以提升乡村治理效能。本书的研究，旨在为乡村治理实践提供有益参考和借鉴，推动乡村治理体系和治理能力现代化。

二、研究意义

乡村治理有效是乡村全面振兴的重要特征之一,也是农业农村现代化的重要标志之一。作为重要主体的广大村民是否有效参与乡村治理,关系到整个乡村的高质量发展。以社会资本为视角,研究如何提升村民参与乡村治理的成效,不仅具有重要的理论意义,而且具有重要的实践意义。

(一)研究的理论意义

第一,有利于进一步拓展乡村治理的研究视角。进入新时代以来,随着社会主要矛盾的转变,我国乡村的发展面临前所未有的机遇和挑战。乡村振兴战略的提出,标志着我们党对乡村发展的认识提升到一个新高度。在习近平新时代中国特色社会主义思想的指引下,围绕推动乡村治理现代化,学术界展开热烈且深入的探讨。从学术界现有关于乡村治理的研究成果来看,聚焦村民参与乡村治理的成果很少,以社会资本为切入点研究村民参与乡村治理的成果更少。本书以社会资本为切入点,为研究村民参与乡村治理提供了新的视角,有助于我们更深入地理解和把握乡村治理的内在机制和影响因素。

第二,有利于进一步丰富乡村治理的研究内容。乡村治理是一个多元主体参与的系统工程,村民群体作为重要主体对乡村治理的推动作用理应得到充分彰显,而事实并非如此。一个重要原因是对影响村民参与乡村治理的因素挖掘不深、研究不够。目前学术界对村民参与乡村治理影响因素的研究主要聚焦于主观因素,多从村民参与的素质和能力等方面展开论述。事实上,除了主观因素外,包括社会资本在内的客观因素对村民参与的影响也不可忽视。本书聚焦影响村民参与的社会资本,并在此基础上深挖社会资本缺失的原因,据此提出六个方面的对策、建议。这一研究将进一步丰富乡村治理的研究内容,为学术界提供相关理论借鉴。

第三,有利于进一步拓宽乡村振兴的研究领域。治理有效是乡村振兴的应然目标和重要标志,也是推动乡村全面振兴的重要手段。自党的十九大提出乡村振兴战略以来,学术界围绕如何实现乡村治理有效进而推进乡村全面振兴进行了广泛且深入的研究与探讨。本书以习近平新时代中国特色社会主义思想,以及党中央关于乡村振兴的路线、方针、政策为指引,在借鉴已有乡村治理研究成果的基础上,以社会资本为视角,探讨如何通过丰富发展社会资本提升村民参与乡村治理的绩效,进而推进乡村全面振兴。这一研究成果视角新颖、内容多维,必将进一步拓展乡村振兴的研究领域,推动乡村振兴实践不断向前发展。

(二)研究的实践意义

本书以党的二十大精神和习近平新时代中国特色社会主义思想为指导,以社会资本为视角,通过对村民参与乡村治理的背景、现状及困境的多维探讨,提出提升村民参与乡村治理积极性和主动性的对策、建议,力求为推进乡村治理现代化、实现乡村全面振兴提供有益借鉴。具体而言,本书希望达到以下目的。

1. 有利于促进乡村社会资本的丰富发展

乡村社会资本是推动乡村经济社会发展的重要因素。然而,由于历史和现实的原因,我国乡村社会资本存量与乡村全面振兴的实际需求存在一定的差距。一方面,大量农民进城务工或迁徙,导致乡村人口流失,社会关系网络遭到破坏;另一方面,乡村经济结构的变化也导致社会组织、社会规范等方面的变化,使原有的社会资本难以满足乡村全面振兴的需求。本书在深入探讨乡村社会资本发展面临的困境的基础上,立足增强乡村的"信任、网络和规范",提出六个方面的举措。这必将有助于进一步丰富和发展乡村社会资本、增加乡村社会资本存量。

2. 有利于推动乡村治理绩效的显著提升

党的十九届四中全会提出实现国家治理体系和治理能力现代化的目标,而乡村治理体系和治理能力现代化是其中的基础和关键。要切实推进乡村治理体系和治理能力现代化,一定离不开村民的有效参与。本研究认为,强化党建引领、满足村民正当利益诉求、弘扬社会主义核心价值观、强化数字赋能、发展村级协商民主、加强社会组织建设等措施,可以为村民参与乡村治理打下坚实物质基础和精神基础,提升村民参与乡村治理的积极性和主动性,有力推动乡村治理体系和治理能力现代化。第一,强化党建引领是关键之举。发挥党组织的战斗堡垒作用,可以引领村民积极参与乡村治理,推动乡村治理体系和治理能力现代化。第二,满足村民正当利益诉求是重要前提,只有让村民感受到自身利益得到充分保障,才能激发他们参与乡村治理的积极性和创造性。第三,弘扬社会主义核心价值观是重要基础。教育和宣传,可以提高村民的文化素质和社会责任感,引导他们积极参与乡村治理。第四,强化数字赋能是创新手段。随着科技的不断发展,数字技术已经广泛应用于各个领域,乡村治理也不例外。数字技术的应用,可以实现信息共享、效率提升和流程优化等目标,从而提升村民参与乡村治理的效能。第五,发展村级协商民主是有效途径。建立完善的协商机制,让村民充分表达自己的意见和诉求、积极参与村务决策和管理,可以增强村民的民主意识和参与能力,推动乡村治理向更加民主、开放的方向发展。第六,加强社会组织建设是重要支撑。培育和发展各类社会组织,可以让村民更加有序、有效地参与乡村治理,形成政府与社会协同参与的治理格局,为乡村治理体系和治理能力现代化提供有力支撑。

3. 有利于助力乡村共同富裕的有效推进

习近平总书记在对《关于制定国民经济和社会发展第十四个五年规划和二〇三五年远景目标的建议》进行说明时指出,共同富裕是社会主义的本质要求,是人民群众的共同期盼。我们推动经济社会发展,归根结底是要实现全体人民共同富裕。我国是一个农业大国,农村人口众多,这决定了乡村共同富裕在推进整个国家共同富裕中的基础性和关键性地位。要实现乡村共同富裕,村民的有效参与是必不可少的。村民是乡村振兴的基础力量,不仅是经济发展的主体,而且是乡村文化的传承者和社会治理的参与者。只有组织发动村民积极参与乡村治理,营造"共建共治共享"的发展环境,才能真正实现乡村的共同富裕。

4. 有利于助推乡村全面振兴的顺利实现

党的二十大提出全面推进乡村振兴的目标,并明确指出"全面建设社会主义现代化国家,最艰巨最繁重的任务仍然在农村"[①]。全面推进乡村产业、人才、文化、生态、组织振兴,是全面建设社会主义现代化国家的重要基础。

---

① 党的二十大报告学习辅导百问[M].北京:党建读物出版社;学习出版社,2022:23.

乡村的全面振兴不仅是经济的振兴,更是社会、文化和政治的全方位发展。在这样一个宏大的背景下,村民的参与显得尤为重要。村民既是乡村振兴的受益者,也是推动这一历史进程的重要力量。要实现乡村的全面振兴,必须深入挖掘村民参与乡村治理的内在动力。社会资本作为一个重要的分析视角,为我们理解这一问题提供了新的思路。社会资本强调的是人与人的信任、互惠和合作,这些是村民积极主动参与乡村治理的重要前提。一个充满信任、合作氛围的乡村,更容易激发村民的参与热情。反之,在一个社会资本薄弱的乡村,村民的参与意愿也必然大打折扣。因此,如何培育和提升乡村社会资本,是我们在推进乡村全面振兴过程中需要重点关注的问题。本研究旨在以社会资本为视角,深挖影响村民参与乡村治理积极性和主动性的关键因素,并基于丰富和发展乡村社会资本提出促进村民有效参与乡村治理的对策、建议。落实好这些对策、建议,将有力促进乡村全面振兴的顺利实现,进而为全面建设社会主义现代化国家夯实基础。

第二节　国内外研究现状述评

本书研究涉及政治学、社会学、公共管理学等多个领域。学术界在相关领域已经有许多较为广泛和深入的研究成果,这些研究成果为本书的研究打下坚实基础。为遵守研究规范,明确本研究主题的国内外研究情况,充分了解和把握现有研究内容,增强本书研究的精准性和有效性,为后续研究夯实基础,在选题确定后,本人通过大量文献筛选、阅读和整理,形成如下研究成果综述。

一、关于村民参与的研究

(一)国外研究综述

(1)关于村民参与乡村治理影响因素的研究。Rich L(2014)认为村民之所以参与乡村治理,是以获得利益为根本前提的,如果没有利益,村民便不会参与乡村治理①。Cousins B(2007)则认为,利益只是村民参与乡村治理的动力之一,村规民约、道德规范、舆论、乡村传统文化等也是影响村民参与乡村治理的重要因素②。

(2)关于村民参与乡村治理路径的研究。Li L J 等(1996)认为村民参与乡村治理的模式主要有两种,分别是正式参与和非正式参与(正式参与与基层组织密切相关,是合法合规的参与;非正式参与包括私人接触、行贿等方式),认为非正式参与是村民的普遍选择且在农村更有效③。Edward F(1993)从社会资本的构成因素,如村域、组织、个体等方面研究村民参与乡村治理的路径,认为可以通过培育社会资本,显著提升村民参与乡村治理的成效。

(3)关于村民参与乡村治理程度的研究。Chen M 等(2013)从村集体和村民个人的经济状况维度入手,指出经济状况是影响村民参与程度的重要因素,村庄发展越好、村民经济能力越强,则村民参与的程度越高,否则越低④。Erik M(2001)认为人们对乡村治理的思想认识影响其参与程度,通过改变思想认识可以提升村民的参与程度⑤。总之,目前国外关于村民参与乡村治理的研究虽然还有一定的局限性,但也为本书的研究拓宽了眼界和思路。

(二)国内研究综述

当前国内学术界有关村民参与的研究,主要聚焦村民参与的内涵、方式、影响因素、效果及困境。

(1)关于村民参与内涵的研究。项继权(1998)认为,村民参与即村民公共参与,是村民参与和影响社区公共事务的行为,其核心是社区政治参与⑥。

---

① RICH L.New challenges of village governance in China[J].China Reform,2014,(06).
② COUSINS B. More than socially embedded: The distinctive character of "Communal Tenure" regimes in South Africa and its implications for land policy[J].Journal of Agrarian Change,2007,7(3):281-315.
③ LI L J,O'BRIEN,KEVIN J.Villagers and popular resistance in contemporary China[J].Modern China,1996.
④ CHEN M,GOODMAN D S G.Middle class China:Identity and behaviour[J].Cheltenham:Edward Elgar,2013.
⑤ ERIK M. Age of wild ghosts: Memory, violence, and place in southwest China [M]. California University Press,2001.
⑥ 项继权.中国村民的公共参与——南街、向高、方家泉三村的考察分析[J].中国农村观察,1998,(02):42-49.

谢治菊(2012)认为,村民社区参与是指村民群众通过参与社区公共生活,影响社区公共权力运作,分享社区建设成果的行为和过程[①]。综合已有研究,本书认为,所谓村民参与,是指村民通过参与村庄公共事务,进而维护自身权益、促进村庄发展的行为。因此,本书讨论的村民参与是一种理性、合法的参与,不包括非法参与,甚至暴力参与。

(2) 关于村民参与方式的研究。项继权(1998)从政治参与的视角,把村民参与分为投票活动、接触活动、会议参与、上书投诉、提起诉讼、抗拒行为六类[②]。其中,投票活动是村民通过投票的方式参与国家和村社区公共事务的管理、影响公共决策的行为;接触活动是村民个人或群体直接接触社区干部,面对面反映情况、提出要求、建议、意见、批评的行为;会议参与是指村民通过出席不同形式的村务会议直接发表意见、提出建议,参与和影响村务决策的行为;上书投诉是村民向村党组织、村委会及有关干部写信投诉,向上级有关部门投诉进而影响村庄公共事务的行为;提起诉讼是指村民状告干部或有关部门的行为;抗拒行为是村民不服从村务决定,上级有关法律、政策及决定,对村干部执行公务的行为进行抵制的行为。这是目前为止对村民参与方式较为全面的概括。

(3) 关于村民参与影响因素的研究,主要从主观和客观两个方面切入。主观方面的研究主要把村民的性别、年龄、婚姻状况、受教育程度、政治身份、收入状况及外出务工经历等作为自变量,考察其对村民参与乡村振兴的影响[③]。客观方面的研究又分为两类:一类从村庄资源的视角,通过对社会资本、公共品供给、村庄文化等资源的考察,来研究其对村民参与乡村治理的影响[④];另一类主要从制度机制的视角,研究制度机制对村民参与的影响。龚丽兰、郑永君(2019)从历史变迁和当前实践的角度分析通过培育新乡贤构建

---

① 谢治菊.村民社区参与的现实解读与理性反思——基于两种村庄经济类型的比较研究[J].湖北大学学报(哲学社会科学版),2012,39(01):115-120.
② 项继权.中国村民的公共参与——南街、向高、方家泉三村的考察分析[J].中国农村观察,1998,(02):42-49.
③ 葛宣冲,张桂金,韩克勇.流动性、现代性与村民的乡村建设参与意愿——基于CLDS2016数据的分析[J].东岳论丛,2019,40(11):132-140.
④ 李冰冰,王曙光.社会资本、乡村公共品供给与乡村治理——基于10省17村农户调查[J].经济科学,2013,(03):61-71.

乡村振兴内生主体基础的运作机制来激发村民参与乡村治理的积极性和主动性①；黄君录(2019)从协商民主机制构建层面对如何引导村民更多参与乡村治理进行研究②；邓大才(2018)从保障村民利益的角度阐述了利益激励机制对村民参与的影响③；刘义强、姜胜辉(2019)从利益激励机制和社区认同的视角对村民参与乡村治理进行研究④。总之，学术界围绕村民参与乡村治理开展了广泛和深入的研究，取得了较为丰富的理论成果。但现有研究多停留在抽象叙述和"应然"层面的推演，缺少实证探索和"实然"层面的研究。

(4) 关于村民参与效果的研究。目前学术界存在一定争议，争议的焦点主要为公众在多大程度上、以何种方式参与才是最好的参与。影响有效参与的因素，大致可分为制度性因素和主体性因素两大类：前者包括参与式治理的制度设置、政治权力的下放程度、行政与立法机构的关系、行政管辖权的范围、参与规则和程序等；后者包括村民个人的意愿和能力、地方领导人的民主风格和治理智慧、政策"守门人"的主观能动性、乡镇党政干部的能力素质和队伍稳定等。对于制度性因素和主体性因素，邓大才认为二者同样重要，因为影响有效参与的维度缺一不可且具有"短板效应"。一些学者认为制度性因素更重要，如科恩和达尔强调协商程序对于协商效能的优先性，韩万渠认为制度建设和协商机制是提升公众参与有效性的决定因素。

(5) 关于村民参与困境的研究。当前乡村振兴背景下的村民参与遇到一些困难，学术界目前主要从社会基础、制度基础及政府影响等方面进行研究。在社会基础方面，有学者认为当前中国乡村正处于传统向现代的转型期，"熟人社会"的礼治秩序和长老统治早就解体，自然生出信用的规矩也不太可靠⑤。因此，乡村治理的社会资本欠缺，村民缺乏对公共事务的热心，难

---

① 龚丽兰,郑永君.培育"新乡贤"：乡村振兴内生主体基础的构建机制[J].中国农村观察,2019,(06)：59-76.
② 黄君录.协商民主的地方治理模式及其内生机制——基于村民自治地方经验的四种模式[J].南京农业大学学报(社会科学版),2019,19(04)：69-77+158.
③ 邓大才.利益、制度与有效自治：一种尝试的解释框架——以农村集体资产股份权能改革为研究对象[J].东南学术,2018,(06)：56-63+248.
④ 刘义强,姜胜辉.利益与认同：村民政治参与的边界及转换——基于佛山市4个村庄村级治理的实证调查[J].华中师范大学学报(人文社会科学版),2019,58(06)：53-59.
⑤ 贺雪峰.乡村治理的社会基础：转型期乡村社会性质研究[M].北京：中国社会科学出版社,2003：39-40.

以建立基于信任、互惠的集体行动网络[①]。也有学者从中国村民公民意识、参政议政能力较弱,村集体经济基础薄弱,难以吸引村民参与村庄公共事务等方面探讨村民参与遇到的困境。在制度基础方面,有学者指出村民自治是国家依照法律安排的普遍性政治制度,它的运作受政府行为的左右。国家在村民自治制度建设上的巨大弹性空间,尤其是选举之后的民主管理、民主决策、民主监督方面的制度建设还不够完善,直接影响村民自治的运作[②],也对村民参与的积极性造成影响。在政府影响方面,项目下乡以来,国家权力大量渗透到乡村,政府主导与村民自治之间的张力越来越大,好心办事的政府可能会在不经意间干扰村级民主的发展。

虽然目前关于村民参与的研究已经较为丰富,但大多集中在理论层面的探讨,缺乏实证分析的支撑。尤其是在当前推进乡村治理体系和治理能力现代化的背景下,村民参与乡村治理的绩效是值得深入研究的一个问题。已有研究成果在实证方面的不足为本书的研究提供了契机。

二、关于乡村治理的研究

关于我国的乡村治理结构,相关研究主要从纵向结构与横向结构展开。纵向结构的研究指的是垂直的科层制结构的研究,如关于"权力金字塔"治理结构[③]、"上下分治"的治理结构[④]、上下互动结构[⑤]的探讨,以及对体制弹性、体制适应性、体制灵活性和治理的公共权威的探讨[⑥]。横向治理结构的研究主要是从国家与社会、市场的关系出发,来探讨国家治理主体的角色调整与关系优化,主要包括对国家、社会、市场三者之间结构调适的讨论,以及对国家与社会关系的讨论[⑦]。可见,当前国内关于治理结构的研究,一方面结合

---

① 梁莹,肖其明.社会资本与政策执行关系之研究[J].东南学术,2005,(05).
② 宋桂兰,冯勖明.制约村民自治有效运作的因素分析[J].当代世界与社会主义,2002,(03):55-57.
③ 邹谠.二十世纪中国政治:从宏观历史与微观行为的角度看[M].香港:牛津大学出版社,1994:160.
④ 曹正汉.中国上下分治的治理体制及其稳定机制[J].社会学研究,2011,25(01):1-40.
⑤ 郎友兴.政治吸纳与先富群体的政治参与——基于浙江省的调查与思考[J].浙江社会科学,2009,(07):108-115+129.
⑥ 何艳玲,汪广龙.不可退出的谈判:对中国科层组织"有效治理"现象的一种解释[J].管理世界,2012,(12):61-72.
⑦ 任剑涛.国家治理的简约主义[J].开放时代,2010,(07):73-86.

我国政治、社会结构的实际,注重对政党、政府的角色与功能以及在此基础上对治理的总体性调控的探讨,另一方面也表达了对推动社会参与治理,以形成治理结构中的社会主体性的期待。但是,尽管中西政治制度不同,其国家治理的关键要素却存在着相似性,治理指向的目标也有一定共通之处,即合理完善的法治、维护公共利益与公共福祉、提升治理有效性等。关于治理过程的研究,主要是对协同治理、互动治理和整体性治理等治理模式的探讨,以及对治理机制的探讨[1]。关于治理结果的研究,大都关注治理绩效与治理有效性这两个概念。关于绩效的研究主要基于对我国基层治理现状的实证分析[2],大都将绩效视为一种投入与产出之比,即一种可计算的效益。因此,也有学者对治理结果提出了不同的理解,认为"有效性"一词比"绩效"更适合作为判断治理结果的标准,如从政治有效性、体制有效性和治理行为有效性的角度阐释有效性的内涵[3]。

上述研究为我们更深入地理解乡村治理的结构、过程与机制提供了诸多帮助,依然在一定程度上适用于对当前治理现状进行解释,但是也存在一些不足。国外相关研究大都侧重于对过程和结构的分析,对机制的分析相对较少,而治理机制的优化与制度化恰恰是在我国治理现代化进程中需要大力推进的。国内的治理研究,大都从具体的过程与机制出发来讨论乡村治理的特征,在一定程度上忽视了治理机制优化背后的动力与具体实现方式。鉴于此,本书将对乡村治理现代化进程中的参与式治理机制做进一步探讨。

三、关于乡村公共精神的研究

关于乡村公共精神的内涵与实质,近年来国内学术界做了一系列探讨。吴春梅、石绍成(2010)较早对乡村公共精神的内涵做了界定,他们认为乡村公共精神是指村民在处理个人利益与村庄公共利益的关系中所具有的关心

---

[1] 竺乾威.理解公共行政的新维度:政府与社会的互动[J].中国行政管理,2020,(03):45-51.
[2] 孟天广,杨明.转型期中国县级政府的客观治理绩效与政治信任——从"经济增长合法性"到"公共产品合法性"[J].经济社会体制比较,2012,(04):122-135.
[3] 陈玉生,张开云."创新"逻辑下的中国国家治理:进程、模式及其有效性[J].马克思主义与现实,2015,(03):178-184.

与积极参与公共事务、政治利他、爱心和奉献等公共价值与信念,它与熟人利他交换行为、村庄共同体意识、公共事务中的政治契约精神以及社会主义市场经济的基本理念等密切相关①。王丽(2012)认为,乡村公共精神是孕育于乡村社会之中,位于村民基本道德和政治价值层面的以社会发展为依归的价值取向,表现为村民对共同体及村庄公共利益、集体利益的认同和维护,公共责任感和对村庄公共事务的参与意识②。凌烨丽、李浩昇(2019)在综合多位学者观点的基础上指出,乡村公共精神是生长于中国乡村社会中的为了不同层次的公共利益而舍弃个人狭隘私利的道德选择以及积极参与公共事务的政治自觉,包含利他主义、集体主义、先公后私等道德情操和民主、平等、守法、诚信等公民品格;它联合个体、增强社会关联、滋养社会资本,是社会组织的黏合剂、促进合作的精神源泉;它在观念上体现为对共同体的忠诚,在利益取向上表现为对公共利益的维护,在行动上意味着对公共事务的参与③。

诚然,以上关于乡村公共精神内涵的表述已经较为全面和深入,但作者认为乡村公共精神是因时而异的,时代变化了,人们的价值观念也随之发生变化,因此应赋予乡村公共精神以新的时代内涵。综合诸多学者的论述,作者结合新时代背景,提出以下乡村公共精神内涵的新表述,即新时代乡村公共精神是指在中国传统文化滋养下形成的,以社会主义核心价值观为引领的,包括利他主义、集体主义、民主意识、法治精神等在内的,以实现乡村振兴和共同富裕、实现中华民族伟大复兴为价值追求的具有丰富时代内涵的现代中国村民精神。这一关于乡村公共精神内涵的新表述是本书研究的基础。

关于如何重塑乡村公共精神,吴春梅、石绍成(2010)认为必须立足中国的传统与现实,即在充分利用中国本土资源的基础上顺应现代化的基本趋势并服务于乡村民主治理,最终实现乡村公共精神由内生自发向制度建构延伸、由宗法伦理向契约精神转型、从"熟人社会"走入公众世界①。王丽(2012)以公共治理为视域,从三个方面提出乡村公共精神重塑的具体路径:

---

① 吴春梅,石绍成.乡村公共精神:内涵、资源基础与培育[J].前沿,2010,(07):131-135.
② 王丽.公共治理视域下乡村公共精神的缺失与重构[J].行政论坛,2012,19(04):17-21.
③ 凌烨丽,李浩昇.农民公共精神的流变及乡村振兴视域下的重塑[J].宁夏社会科学,2019,(04):132-140.

弘扬主流文化理念,重建农村社会核心价值观;完善制度安排,增强农民的政治认同与政治责任感;改善价值理念的生成环境,培育农民的公民意识①。凌烨丽、李浩昇(2019)以乡村振兴为背景,从打造村庄共同体、塑造村庄权威、发展村庄组织、改进文化生活、改造传统公共性资源等方面提出重塑农民公共精神的构想②。祝丽生(2022)以社会治理为视角,着眼于化解乡村社会治理中存在的集体行动困境,从壮大乡村集体经济、完善乡村民主政治建设、增强农民的公共认同、拓展乡村公共空间等方面提出重塑乡村公共精神的四种举措③。

总体来看,围绕如何重塑乡村公共精神这一话题,学者们进行了较为全面和深入的研究。但值得注意的是,现有研究多停留在抽象叙述和"应然"层面的推演,缺少实证探索和"实然"层面的研究。这大大降低了研究成果对实践的指导价值。此外,目前从促进村民参与乡村治理视角来研究乡村公共精神的成果还很少,而这一问题的研究对于推进乡村全面振兴具有重要价值。现有研究的不足为本书的研究提供了契机。

四、关于社会资本的研究

社会资本的现代研究起源于法国社会学家布迪厄,他认为,社会资本是现实或潜在的资源的集合体,这些资源或多或少与拥有制度化的共同熟识和认可的关系网络有关,社会资本在为其成员提供获得信用的"信任状"。布迪厄的定义清楚地表明,社会资本由两部分构成:一是社会关系本身,它使个人可以使用(access to)被群体拥有的资源;二是这些资源的数量和质量④。在此基础上,科尔曼进一步指出社会资本"并不是一个简单的实体,而是由具有两种特征的多种不同实体构成的:它们全部由社会结构的某个方面组成,它

---

① 王丽.公共治理视域下乡村公共精神的缺失与重构[J].行政论坛,2012,19(04):17-21.
② 凌烨丽,李浩昇.村民公共精神的流变及乡村振兴视域下的重塑[J].宁夏社会科学,2019,(04):132-140.
③ 祝丽生.培育公共精神:化解乡村社会治理困境的内生路径[J].河南社会科学,2022,30(06):92-100.
④ 张文宏.社会资本:理论争辩与经验研究[J].社会学研究,2003,(04):23-35.

们促进了处在该结构内的个体的某些行动"[1]。

Putnam D R 等(1994)通过对意大利民主运行状况的比较研究,将社会资本的关键要素提炼为网络、互惠规范和信任,并首次指出了社会资本对于提升治理绩效和推动民主治理的积极作用——"表现为公民参与规范和网络的社会资本可能是保持经济发展和政府效能的一个基本前提"[2]。人们不仅可以通过社会参与行为和自愿组织活动更为积极地参与社会政治生活与公共事务、交流信息和思想,而且可以在自发形成的组织活动中自然地体验到民主的程序和实质,这些都为民主制度的建立和健康发展奠定了坚实的基础[3]。

林南则进一步对社会资本进行了分类,他认为社会资本可被定义为嵌入一种社会结构中的可以在有目的的行动中使用或动员的资源。按照这一定义,社会资本的概念包括三种成分:嵌入一种社会结构中的资源;个人使用这些社会资源的能力;通过有目的的行动中的个人运用或动员这些社会资源。因此可以构想,社会资本包含的三种成分涉及结构和行动:结构的嵌入性、机会可使用性和行动导向运用[1]。

国外学者对社会资本理论的讨论给予我们诸多启发。基于此,我国学者结合上述研究,对我国农村社会资本的发展演变展开深入研究。费孝通先生在《乡土中国》中描述的中国乡村建立在血缘关系和地缘关系基础上的"差序格局",实际上是传统乡村社会资本的产物。随着中国经济社会的快速发展,在乡村由传统社会向现代社会转型的过程中,支撑传统"差序格局"的社会资本正在不断流失。有学者从三个方面描述了乡村传统社会资本的缺失:一是传统"差序格局"下的网络型社会交换被非网络型社会交换取代;二是社会互助网络衰退,市场经济条件下的互惠互利取代传统社会的互助合作;三是传统道德整合作用衰退,宗族关系网络也日渐衰退[4]。聂飞(2010)认为传统的信任模式已经不适用于农村经济的发展,农村出现信任危机;在农村从传统

---

[1] 张文宏.社会资本:理论争辩与经验研究[J].社会学研究,2003,(04):23-35.
[2] PUTNAM D R, LEONARDI R, NANETTI Y R. Making democracy work: Civic traditions in modern Italy[M].Princeton University Press,1994:37.
[3] 赵延东.社会资本理论的新进展[J].国外社会科学,2003,(03):54-59.
[4] 郑富年,黄志坚.社会资本视角下的社会主义新农村建设研究综述[J].农业经济,2011,(09):32-33.

伦理道德观念向现代伦理道德观念转型的重要时期,道德状况呈现新旧规范交替、先进与陈腐观念并存、正确与错误思想共生的状态,农村出现社会规范缺失的问题;农民组织缺乏成熟的制度规范,内部相关制度规定不健全,导致民间组织发展滞后问题。张静(2009)认为我国改革开放以来农村社会资本呈现一系列问题:社会网络衰退,自组织能力下降;宗族关系网络日趋减弱,组织能力消失殆尽;传统道德式微,舆论压力趋弱,人际信任淡化,合作能力下降;社区精英流失,发展核心缺失;民居建筑空间变化,公共空间萎缩。这些问题的存在影响了村民参与乡村建设的成效。

以上学者的研究为我们了解和把握农村社会资本的现状提供了基础。而问题是,面对农民对乡村建设的弱参与,我们应该如何通过积极重构社会资本进而激发村民参与乡村建设的积极性?这些社会资本又包括哪些内容?有研究指出,有别于以往从个体化或结构性等因素阐释农民参与乡村建设行为逻辑的特定理论视角,包含网络、信任、规范等因素的社会资本理论充分考虑了文化、制度、社会等因素对个体行为的影响,更加契合村庄公共行为的合作性特征,为分析和破解农民公共参与不足这一现实困境提供了一种更具整合性、包容性的思路[①]。相关研究认为,社团参与、身份认同、普遍信任、社会规范等因素对农民参与村庄公共事务的意愿及行为具有显著的促进作用[②]。李东平、田北海(2023)通过实证分析,认为社会资本作为内在的激励机制,对促进农民参与乡村建设发挥着很强的作用,且这种作用在我国基层治理的现实场域中带有很强的政治性特征[③]。此外,他们还认为,村庄认同作为社会资本在增强农民村庄共同体意识和公共责任感知方面发挥着积极作用。二人在以上研究的基础上进一步指出以下两点。第一,要将社会资本制度化为一种内在的社会激励,作为现有正式制度的补充,推动农民参与乡村建设,切实发挥农民在乡村建设中的主体作用。一方面,要重视社团组织的自我良性运转和村委会组织履职服务能力的提升,进一步强化正式网络和制度信任的

---

① 方亚琴,夏建中.社区治理中的社会资本培育[J].中国社会科学,2019,(07):64-84+205-206.
② 胡荣.社会资本与中国农村居民的地域性自主参与——影响村民在村级选举中参与的各因素分析[J].社会学研究,2006,(02):61-85+244.
③ 李东平,田北海.社会资本视域下回流农民的乡村建设参与及其影响机制[J].华中农业大学学报(社会科学版),2023,(06):129-140.

正向激励;另一方面,要采取多种举措切实提升农民群众作为乡村建设参与主体的主人翁意识,改善农民人际关系网络和人际信任在村庄公共事务参与方面作用发挥的心理认知基础,促进自主性激励效应的发挥。第二,要以构建村庄组织网络为重要工作抓手,积极培育结构性社会资本和提升认知性社会资本,强化农民的村社认同,提高村民参与乡村建设的主体意识和行为贡献。

现有关于社会资本与村民参与乡村治理的研究虽然已经较为全面,但仍存在明显不足:一是重二者关系的实证分析而少行为逻辑和机制的研究;二是缺少以乡村全面振兴为视域的社会资本与村民参与的关系的研究成果;三是对案例的剖析不够全面、案例不够典型。这些不足为本研究提供了契机。

五、关于协同治理的研究

治理是协同治理理论研究的基本理论背景。Christopher P G B(2011)认为,治理强调政府以外的其他社会行动者的积极参与,以更好地管理公共事务[1]。Rhodes R A W(1996)认为,治理理论提出了管理主义导向的新公共管理存在的四点缺陷:重视组织内部的经济、效率、有效等,忽视组织间的联系和科层控制;重视目标的达成,忽视组织间的关系和信任;过多关注适合直线科层制而不适合组织间网络的结果;存在竞争与掌舵之间的矛盾等[2]。为解决这些问题,在治理理论蓬勃发展的同时,协同治理理论应运而生。协同治理是世界各国和各地区公共治理发展的共同趋势,是一种在政策制定和执行过程中、公共项目和事务的管理过程中,由有权机关正式发起、政府和非政府的利益相关方参加的以合意为导向的协商性治理机制[3]。它兴起于20世纪90年代后期,当时波及全球的恐怖主义、环境污染、气候变化等全人类利

---

[1] CHRISTOPHER P G B.Public management reform[M].Oxford University Press,2011.
[2] RHODES R A W.The new governance:Governing without government[J].Political Studies,1996,44(04):652-667.
[3] ANSELL C,GASH A. Collaborative governance in theory and practice[J]. Journal of Public Administration Research and Theory,2007,18(04):543-571.

益攸关的问题成为西方公共管理的核心关切①。这类问题的解决仅靠某一部门或某一国家已经不可能,必须通过跨部门,甚至跨国界的合作才有可能。一时间,跨机构的、跨地域的、跨部门的协作成为理论界和实践界新的关注热点。而今,由政府组织、私营部门、社会团体和社会公众共同参与的治理机制(协同治理)在美国等西方国家被广泛运用于水资源管理、城市规划、土地开发和公共交通等领域②。Zadek S(2008)认为,协同治理是有效应对环境和社会挑战的共同趋势,是全球性的趋势,没有替代方案③。与实践的运用一致,协同治理作为一种新的公共治理范式,得到了西方学术界的高度重视和认可,被称为"重建公共管理理论的契机"④。Ansell C 等(2007)通过对 134 个美国协同治理案例进行研究,认为以下变量是决定协同治理能否成功的关键变量:冲突和合作的历史;利益相关者参与的激励;权力和资源的不平衡;领导力;制度设计等⑤。随着我国经济社会的快速发展,传统科层制治理方式可能难以适应日益增长的跨界治理难题。如何通过跨地区、跨部门的合作解决区域开发、环境保护等跨区域的问题,成为我国理论界和实践界必须面对的问题。产生于西方的协同治理理念刚好契合这一需求。于是,自 20 世纪末期传入我国以来,协同治理理论得到广泛研究和运用并取得较好的成效。邓穗欣等(2011)认为协同治理就是通过建立、指导、促进、运用和监督跨部门的组织安排以解决公共政策问题的整个过程⑥。郑巧等(2008)在分析协同治理理论的基础上,认为协同治理是服务型政府的治道逻辑⑦。从最初在工

---

① DONALD F K.The transformation of governance:Public administration for twenty-first century America[M].Johns Hopkins University Press,2002;LAURENCE J O T.Treating networks seriously: Practice and research-based agendas in public administration[J].Public Administration Review,1997,75(01):45-52.
② EMERSON K,NABATCHI T,BALOGH S.An integrative framework for collaborative governance[J].Journal of Public Administration Research and Theory,2011.
③ ZADEK S.Global collaborative governance:There is no alternative[J].Corporate Governance,2008,8(04):374-388.
④ MCGUIRE M.Collaborative public management:Assessing what we know and how we know it[J]. Public Administration Review,2006,66(S1):33-43.
⑤ ANSELL C,GASH A.Collaborative governance in theory and practice[J].Journal of Public Administration Research and Theory,2007,18(04):543-571.
⑥ 邓穗欣,等.理性选择视角下的协同治理[J].复旦公共行政评论,2011,(00):3-25.
⑦ 郑巧,肖文涛.协同治理:服务型政府的治道逻辑[J].中国行政管理,2008,(07):48-53.

商管理、经济学和国际关系领域的研究和实践,到而今广泛运用于"推进国家治理体系和治理能力现代化"的相关领域,我国协同治理理论的应用和研究场域得到极大拓展。目前国内学术界对协同治理的研究主要集中在以下领域:一是社会管理创新领域;二是公共危机管理领域;三是环境管理领域。

此外,国内学术界关于协同治理主体的研究,目前主要有同质主体和异质主体两种观点。持异质主体观点的学者认为,协同治理是发生在公共部门与私营部门、公共部门与社会组织、私营部门和社会组织等异质主体之间的行为,公共部门之间、私营部门之间或非政府组织之间的[①]活动不用被算作协同治理的范畴。持同质主体观点的学者认为,协同治理只发生在政府或私营部门之类的同质主体间[②]。事实上,在实践中并未明确将同质主体间的协作排斥在协同治理的范畴之外。本书所要研究的乡村协同治理,实际上是异质主体间的协作。在我国,社会组织作为协同治理的重要主体,相较于国外,其在参与能力方面尚存在诸多不足,而乡村社会组织尤为如此。因此,本书将对如何提升乡村社会组织能力以促进村民参与乡村治理进行研究与探讨。

第三节 研究设计

一、研究思路

本书以社会资本为视角,以推进乡村全面振兴为背景,以村民参与乡村治理为研究对象,在广泛综述国内外相关研究的基础上,不仅阐释了村民参与乡村治理的理论依据,而且深入分析了其实践依据。本书通过综合运用文献研究、田野访谈、实证分析、理论分析等多种研究方法,对社会资本视角下村民参与乡村治理的现状、成效及困境进行了全面且深入的分析。此外,本

---

① AGRAWAL A,LEMOS C M.A greener revolution in the making? Environmental governance in the 21st century[J].Environment,2007,49(05):36-45.
② EMERSON K,MURCHIE P.Collaborative governance and climate change:Opportunities for public administration[M].Georgetown University Press,2010.

书还针对如何提升村民参与乡村治理的成效,提出了切实可行的对策、建议,以期推动乡村治理体系和治理能力的现代化进程。

  本书导论部分主要阐明了研究背景及研究意义,梳理了国内外关于公共参与、村民参与、乡村公共精神、治理、乡村治理、协同治理等方面的研究成果,并对研究思路和研究方法进行了说明。在正文部分,本书将从理论和实践两个维度对村民参与乡村治理的依据进行阐述。同时,本书还将对推进乡村全面振兴背景下的村民参与成效及困境进行深入探讨,并从党建引领、价值认同、利益共享、协商民主、数字赋能以及社会组织六个方面,对如何提升村民参与乡村治理成效提出具体路径。在党建引领方面,本书将分析基层党组织在推进村民参与乡村治理中的重要作用,并从以自身建设强化示范带动、以组织引领促进村民参与两个方面进行深入分析,通过发挥党员的先锋模范作用、加强基层党组织建设等方式引领村民深度参与乡村治理;在价值认同方面,本书将探讨如何通过弘扬社会主义核心价值观、传承优秀传统文化等方式培养村民的公共精神和社会责任感,通过加强宣传教育、举办文化活动等方式引导村民树立正确的价值观念和行为准则;在利益共享方面,本书将研究如何通过完善利益分配机制、促进城乡融合发展等方式实现村民的共同富裕和全面发展,通过优化资源配置、加强政策扶持等方式保障村民的基本权益和发展机会;在协商民主方面,本书将探讨如何通过建立健全协商机制、加强民主监督等方式保障村民的民主权利和参与渠道,通过组织村民会议、建立村民监督委员会等方式鼓励村民积极参与村庄公共事务的决策和管理;在数字赋能方面,本书将研究如何通过推进数字技术应用、提高信息传播效率等方式提升村民参与乡村治理的能力和效率;在社会组织方面,本书将分析社会组织在村民参与乡村治理中的作用机制和实现途径,通过培育和发展各类社会组织、加强社会组织的规范管理等方式,提高村民的组织化程度和社会自治能力,同时注重发挥社会组织在提供服务、反映诉求、促进和谐等方面的积极作用。

二、研究方法及创新之处

（一）研究方法

本书坚持马克思主义唯物史观的基本立场，坚持以党的二十大精神和习近平新时代中国特色社会主义思想为指导，紧紧围绕村民参与乡村治理这一主题，综合运用马克思主义理论、政治学、社会学、管理学、经济学等学科理论，深入研究村民参与乡村治理的理论依据、实践依据、现状成效、困境及成因，并以社会资本为视角，从党建引领、价值认同、利益共享、协商民主、数字赋能、社会组织六个方面，系统阐述提升村民参与乡村治理成效、推进乡村全面振兴的对策、建议。本书主要采用文献研究法、调查研究法、实证分析和规范分析相结合等研究方法，坚持理论与实践相结合，最终形成既有一定理论深度，能够弥补现有研究不足，又有现实可操作性的研究成果。

1. 文献研究法

充分利用图书馆、中国知网等国内外期刊数据库、电子图书及搜索引擎工具，系统查阅关于社会资本、村民参与、公共参与、治理、乡村治理等方面的期刊论文、书籍和报纸等文献资料，从总体上掌握国内外关于村民参与乡村治理的研究动态，形成对社会资本视角下村民参与乡村治理研究的理性认识，为后续研究提供文献支撑。

2. 调查研究法

为获得第一手资料，根据研究目的选取典型样本，制订调研计划，编制调研问卷，撰写访谈提纲，以实地蹲点调研、座谈走访、问卷调查、田野访谈等形式，对基层党组织、村书记、乡镇政府、村委会、乡村社会组织和村民等主体进行深入访谈，并查阅档案和相关文件，完整了解、把握村民参与乡村治理的现状、问题及成因，形成对研究对象较为客观的认知。

3. 实证分析和规范分析相结合的研究方法

本书在调研掌握第一手资料的基础上，通过实证分析，对调研结果进行统计分析，对影响村民参与的各方面因素进行归纳整理，去粗取精，去伪存真,同时运用规范分析法,从党建引领、价值认同、利益共享、协商民主、数字赋能、社会组织六个方面对社会资本视角下村民参与乡村治理的现实路径进行深入、全面的阐述。规范分析和实证分析的综合运用,增强了本书的科学性和规范性。

(二)创新之处

本书的创新之处主要有以下三点。第一,研究视角的创新。自党的十九大提出乡村振兴战略以来,学术界围绕村民参与乡村治理的方式、影响因素及效果提升等展开了一系列研究,为后续的研究打下坚实基础。但从现有研究成果看,较少有学者从社会资本的视角对提升村民参与乡村治理效能展开深入研究。本书以社会资本为视角,在分析了当前村民参与乡村治理的现状、困境后,围绕丰富和发展社会资本以促进村民参与,从六个方面进行了深入阐述。这一研究视角具有一定的创新性。第二,研究方法的创新。现有研究成果多为理论层面的阐释,把理论研究和实证研究结合起来的很少。本书既有理论阐释,又有实证研究,是二者有机结合的成果。此外,本书不限于一个学科的理论阐释,而是综合运用社会学、政治学、管理学等学科理论,把文献研究、调查研究、实证研究、规范研究等研究方法结合起来,体现出研究方法的创新。第三,研究观点的创新。本书以社会资本为视角对提升村民参与乡村治理的成效进行研究,通过走村入户、蹲点调研、座谈走访、问卷调查等,特别是基于一个典型案例(X村)的深入分析,提出应着眼于丰富发展乡村社会资本,采取六个方面的举措,即以党建引领促村民参与、以价值认同促村民参与、以利益共享促村民参与、以协商民主促村民参与、以数字赋能促村民参与、以社会组织促村民参与。这一系列观点的提出,为提升村民参与乡村治理的成效提供了新鲜思路和有益借鉴,对于促进乡村治理现代化、推动乡村全面振兴和共同富裕具有重要意义。

第二章 村民参与乡村治理的理论依据与实践依据

第一节 村民参与乡村治理的理论依据

村民参与乡村治理是一个重大的理论问题,其研究的广度和深度关系到乡村治理的成效。作为一个理论问题,它是建立在已有理论研究成果之上的。治理理论、人民主体理论、利益相关者理论、共建共治共享理论等,共同构成村民参与乡村治理的理论依据。

一、治理理论

20世纪80年代末,世界银行首次使用"治理危机"一词,此后有关治理的研究便在多个领域逐步展开。治理理论的主要创始人是罗西瑙,他在著作《没有政府的治理》中,将"治理"定义为一系列活动领域中的管理机制,这些机制虽未得到有效授权,却能有效发挥作用。与统治不同,治理指的是一种由共同的目标支持的活动,这些管理互动的主体未必都是政府,也无须依靠国家的强制力量实现[1]。学术界讨论的"治理"是各种公共的或私人的个人和机构管理其共同事务的诸多方式的总和,是使相互冲突的或不同利益得以调和并采取联合行动的持续的过程,既指政府有权强制人们服从的正式的制

---
[1] 童星.中国社会治理[M].北京:中国人民大学出版社,2018:19.

度和规则,也指人们同意或认为符合其利益的非正式的制度安排[1]。这种治理理念随后被拓展应用于各个领域,并受社会协同学说的影响,形成合作治理这种"嵌入(特定)社会关系"的、强调"主体多元化、决策多边化、关系平等化的独特治理范式"[2]。合作治理概念引入中国后,很快得到中国学者的重视。2012年,有学者呼吁"加强合作治理研究是时候了"[3],提出"合作治理是社会治理变革的归宿"[4]等观点。随后,国内迎来研究合作治理的热潮。随着中西方语境的转换,中国学者在如何实现合作治理理论的本土化构建方面体现出高度的方法论自觉,如将合作治理的构建置于国家治理现代化的背景下,旨在推进国家与社会的良性互动[5]。但是总体上,中国学者侧重宏观情境,对具体合作过程的研究尚显不足[2]。在这种背景下,以乡村治理为对象的研究可以从微观上很好地推进中国语境中的合作治理研究。

当前关于治理的研究,学术界主要聚焦探讨治理结构、治理过程和治理效果。其中,国外的治理结构研究对国家、政府与社会的角色进行了明确区分。国家主要承担整合、动员、把握进程和管制等功能,社会更积极、深入地参与国家治理,社会组织和公民在公共事务的治理以及公共政策的制定与执行中发挥关键的作用[6]。Hirst P(2000)[7]、Bevir M(2006)[8]、Kooiman J(1999)[9]等人进一步强调了民主制度对于多元社会的重要性。此外,随着治理结构的调整,与之对应的结构内部的治理主体间的关系也发生了巨大变

---

[1] OXFORD UNIVERSITY PRESS.Our global neighborhood:The report of the commission on global governance[J].George Washington Journal of International Law & Economics,1995(3):754-756.

[2] 徐国冲.合作治理研究的理论脉络及其发展[J].厦门大学学报(哲学社会科学版),2022,72(06):28-39.

[3] 夏书章.加强合作治理研究是时候了[J].复旦公共行政评论,2012,(02):1-4.

[4] 张康之.合作治理是社会治理变革的归宿[J].社会科学研究,2012,(03):35-42.

[5] 汪锦军.合作治理的构建:政府与社会良性互动的生成机制[J].政治学研究,2015,(04):98-105.

[6] 王诗宗.治理理论与公共行政学范式进步[J].中国社会科学,2010,(04):87-100+222.

[7] HIRST P,PIERRE J.Democracy and governance[J].Debating Governance Authority Steering & Democracy,2000.

[8] BEVIR M.Democratic governance:Systems and radical perspectives[J].Public Administration Review,2006,66(03):426-436.

[9] KOOIMAN J.Social-political governance[J].Public Management Review,1999,1(01):67-92.

化,因此,也有学者侧重对平等的治理主体与治理权力的探讨①。与上述对治理规范性的探讨不同,治理过程研究试图从实践层面出发,来提出追求"善治"的具体路径。关于治理过程的研究大都是围绕公共政策的实际运行展开的,主要侧重从目标的设定与实际的治理运行过程出发来展开探讨,主要包括对适应性治理、网络治理、参与治理、互动治理、协同治理与整体性治理的研究②。关于治理效果的研究,主要探讨的是影响治理绩效和有效性的因素,如治理的权力结构③、治理过程的合理性④、民主价值的维护⑤、合法性⑥等。

　　治理并非万能,治理也会失效,于是如何使治理更加有效成为学术界关注的一个问题,而善治理论被认为是最为有效的理论回应。俞可平(2016)认为,善治是国家治理的理想状态,不同于传统的政治思想"善政"或"仁政"⑦。善政是对政府治理的要求,即要求一个好的政府。善治是对整个社会的要求,不仅要求好的政府治理,还要求好的社会治理。概括来讲,善治就是使公共利益最大化的社会治理过程,其本质特征就是国家与社会处于最佳状态,是政府与公民对社会政治事务的协同治理。善治包括以下基本要素:①合法性;②透明性,指政治信息的公开;③责任性,指人们应对自己的行为负责;④法制,强调任何政府官员和公民都必须依法行事,法律面前人人平等;⑤回应,指的是公共管理人员和管理机构必须对公民的要求做出及时和负责任的回应,不得无故拖延和没有下文;⑥有效性,主要指管理的效率。

---

① (美)珍妮特·V.登哈特,罗伯特·B.登哈特.新公共服务:服务,而不是掌舵[M].丁煌,译.北京:中国人民大学出版社,2004:146-149+94.

② BRUNNER D R.Adaptive governance as a reform strategy[J].Policy Sciences,2010,43(04):301-341.

③ (美)G.沙布尔·吉玛丹尼斯·A.荣迪内利.分权化治理:新概念与新实践[M].唐贤兴,张进军,等,译.上海:格致出版社:上海人民出版社,2013:11-49.

④ SULLIVAN H.Local government reform in Great Britain[J].VS Verlag für Sozialwissenschaften,2003.

⑤ SADRAN P.The evolution of public personnel systems in France:Structure and reforms[J].VS Verlag für Sozialwissenschaften,2006.

⑥ PETERS G.Governance and comparative politics[J].2000.

⑦ 俞可平.走向善治[M].北京:中国文史出版社,2016:105.

二、人民主体理论

马克思通过对以往哲学和资本主义私有制生产关系的多重批判,得出了人民是历史主体的结论,揭示出人民在社会历史发展进程中的重要作用和特殊地位,提出了人民主体理论并将其用于指导无产阶级解放斗争和国际共产主义运动,为无产阶级反抗资产阶级统治提供了有力武器。马克思的人民主体理论具有深远的影响。它不仅为无产阶级提供了反抗资产阶级统治的理论基础,而且为国际共产主义运动提供了指导思想。在当今世界,人民主体理论仍然具有重要的现实意义,它提醒我们要关注人民的利益和需求、尊重人民的主人翁地位、推动社会的公平正义和人类的全面发展。正是在这一理论的指引下,以毛泽东同志为代表的中国共产党人深刻认识到人民群众的伟大实践力量。他们相信,只有通过组织和发动人民群众并依靠他们的力量,才能够实现革命的胜利。经过28年漫长且艰苦的革命斗争,中国共产党带领中国人民成功推翻了压在中国人民头上的三座大山(帝国主义、封建主义和官僚资本主义),最终建立了中华人民共和国。这个历史进程充分证明了人民群众的实践力量是不可忽视的,也是中国共产党取得胜利的关键因素。

首先,人民是历史主体。在马克思所处的时代,资产阶级为了掩盖其剥削的本质,运用宗教来麻痹工人的思想。马克思从宗教批判入手,揭开资本家残酷的本性。马克思认为,对宗教的批判是其他一切批判的前提[①]。通过批判宗教,马克思指出宗教的本质是异化了的社会现实幻象。这就把人从意识的幻象中解放出来,使之回归现实的生活世界,实现人的意识自由,进而摆脱虚幻和无根基的事物的迷惑和影响。在宗教和人到底谁决定谁的问题上,马克思指出人是产生宗教的主体性力量,离开人的主体性,宗教便失去意义。马克思同时指出,宗教作为一种社会意识,产生于特定的社会存在,随着产生宗教的社会基础和思想基础的消失,宗教也终将退出历史舞台,从而使人从宗教的束缚中解放出来,成为不受思想束缚的活动主体。继而,马克思认识

---

① 中共中央马克思恩格斯列宁斯大林著作编译局.马克思恩格斯文集.第一卷[M].北京:人民出版社,2009:3.

到单纯对宗教的批判并不足以达到人的自由与人的解放的目的,必须把批判的视角转向对现实社会政治状况的批判,进而揭露"政治解放"的欺骗本质。在对黑格尔"市民社会是从政治国家中孕育而成的"这一自上而下观点进行严厉批判的基础上,马克思指出市民社会是直接从生产和交往中发展起来的社会组织①,并在考察市民社会中生产与交往关系的基础上,演绎出生产力与生产关系、经济基础与上层建筑的唯物史观的基本原理。在这两对关系的矛盾运动中,人的主体性和主体地位得以认证,马克思得出人民是历史发展主体的结论。

其次,人民是实践主体。实践指主体能动地改造客体的物质活动,是人所特有的存在方式。实践观点是马克思主义哲学的核心观点。马克思认为整个世界历史是人通过人的劳动而诞生的过程。在对费尔巴哈单纯把人看作被动反映世界的认识主体的观点进行批判的基础上,马克思指出人在社会实践中居于主体地位。这一主体地位可以从两个方面来理解。一是人民通过不断实践加深对客体的认识,并通过改造客体创造出人类社会本身。人民群众的实践活动,决定了人类历史发展的方向和进程。二是人民在实践的过程中不断彰显自身的主体地位。人民在实践过程中创造出人与自然、人与社会的关系,即生产力和生产关系。人民的主体地位从根本上讲是由人民的实践主体地位决定的。人民通过实践,不断证明自身的意识能动性,并在这种意识能动性的推动下实现认识世界和改造世界的目的。

最后,人民是价值主体。马克思的价值主体思想认为,人民是经济主体、政治主体、文化主体及利益价值主体,是人类社会生活中的最高价值主体。经济主体,指人民是物质生产的实践主体,也是生产资料的占有者;政治主体,指人民具有民主权,同时是变革社会的主体;文化主体,体现为人民是文化生产的主体,同时具有掌握与享用科学文化的权利;利益价值主体,表现为人民是社会价值的创造者和享有者,同时是推动社会向前发展的动力之源。马克思的价值主体思想要求我们在推动发展的过程中切实尊重人民的利益

---

① 中共中央马克思恩格斯列宁斯大林著作编译局.马克思恩格斯文集.第一卷[M].北京:人民出版社,2009:583.

需求,最大限度满足人民群众日益增长的美好生活需求①。

马克思的人民主体理论强调了人民作为历史主体、实践主体和价值主体在推动人类社会发展中的核心作用。这一理论强调人民的主体地位,认为人民是历史的创造者,是推动社会发展的主要力量。在乡村治理这一具体领域中,必须充分尊重和依靠广大村民,发挥他们的主体作用,激发他们的积极性和创造性。

三、利益相关者理论

20世纪80年代以后,利益相关者理论在全球被广泛运用于各个领域。伊戈尔·安索夫在《公司战略》一书中首次提出"利益相关者"的概念。其内涵是在一个组织中,总是存在一些利益群体,如果没有这些利益群体的积极参与,组织很难生存与发展。也就是说,一个组织的生存与发展应该致力于满足利益相关者的整体利益。这是组织生存与发展的首要问题,是社会发展过程中一切治理活动的关键所在。在实践中,如果一个组织的活动没有满足利益相关者的利益,且利益相关者又没有机会可以退出,他们就会选择消极怠工,甚至成为局外人、旁观者,或者变身为阻碍组织活动的人。由此产生的强大负面集聚效应,必然会消解组织赖以生存和发展的动力之源。利益相关者理论告诉我们,任何一个组织都必须了解组织内利益相关者的利益诉求并对他们的利益诉求做出积极有力的回应。如果把乡村治理作为一项组织活动来看待,村民便是这一组织活动的绝对主体,也是乡村治理的根本动力来源。没有村民的积极主动参与,乡村治理就不可能达到善治的目的,而且这样的治理本身就没有意义。2015年7月,习近平总书记在吉林调研时强调,任何时候都不能忽视农业、忘记农民、淡漠农村。2016年4月25日,习近平总书记在农村改革座谈会上再次强调,中国要强农业必须强,中国要美农村必须美,中国要富村民必须富。这其中体现的是总书记深厚的为民情怀以及他对村民在乡村振兴中主体地位的深刻认知和尊重。中国共产党的宗旨是

---

① 樊敏.马克思"价值主体"思想对中国意识形态的影响变迁[J].毛泽东思想研究,2016,33(04):109-112.

全心全意为人民服务。在推动乡村振兴的过程中,我们必须真正以人民为中心,想村民所想,急村民所急,把满足村民对美好生活的利益追求作为推动乡村振兴的根本目的。在推进乡村治理体系和治理能力现代化的过程中,我们要充分认识到村民在这一过程中的"利益相关者"地位。这是中国共产党以人民为中心的执政理念的体现,也是实现全体人民共同富裕的根本要求。中共中央、国务院印发的《乡村振兴战略规划(2018—2022年)》(以下简称《规划》)指出"坚持农民主体地位"是实施乡村振兴战略的基本原则之一,同时指出"把维护农民群众根本利益、促进农民共同富裕作为出发点和落脚点"。也就是说,维护村民的根本利益是实施乡村振兴战略的初衷和目标。《规划》同时认为,村民是乡村振兴关键的参与主体。在具体实践中应"调动亿万农民的积极性、主动性、创造性"。因此,村民既是乡村治理的利益主体,也是乡村治理的行动主体。组织发动村民参与乡村治理,是贯彻落实党中央关于乡村振兴的方针政策,维护好、实现好村民利益的必然要求。必须把村民的利益放在首位,充分尊重村民的主体地位。在制定乡村治理政策时,要充分考虑村民的利益诉求,从最广大村民的利益出发谋发展、促振兴。只有这样,才能确保乡村治理政策更加符合实际,更加科学、公正。

四、共建共治共享理论

党的十八大以后,我国社会主要矛盾发生转变,从"人民日益增长的物质文化需要同落后的社会生产之间的矛盾"转变为"人民日益增长的美好生活需要和不平衡不充分的发展之间的矛盾",随之而来的是社会治理领域方方面面的变化,日益复杂严峻的社会治理形势和任务对社会治理理论的创新提出更高的要求[1]。基于此,习近平总书记在党的十八届三中全会上提出创新社会治理的要求,并在党的十九大上明确提出"共建共治共享"的社会治理理论。打造一个"人人有责、人人尽责、人人享有"[2]的社会治理共同体是这一

---

[1] 中共中央宣传部.习近平新时代中国特色社会主义思想学习纲要[M].北京:学习出版社:人民出版社,2019:164.
[2] 王婷.韧性社会治理:社会系统安全稳定运行的实践进路[EB/OL].中国青年网,2020-06-14. https://baijiahao.baidu.com/s?id=1669463043856799317&wfr=spider&for=pc.

理论的核心要义。为了完成社会治理共同体的打造,就必须坚持多元主体的共建共治共享。其中,共建是指在党建统领下多元社会主体共同参与社会建设,这是根本前提;共治是指在党建统领下多元社会主体共同参与社会治理,这是根本保障;共享是指在党建统领下多元社会主体共同享有治理成果,这是根本目的。作为习近平新时代中国特色社会主义理论的重要内容,共建共治共享社会治理理论不仅适用于社会治理,而且对整个乡村振兴具有十分重要的引领价值。这一理论批判吸收了西方治理理论的精华部分,强调改变过去党委政府大包大揽的管理模式,倡导"民主协商、社会协同、公众参与",把原本的一些治理边缘力量纳入治理主体格局,强调大家的事情大家办、共同的成果大家享。此外,这一理论跳出治理谈治理,强调治理的主体是多元的、治理的成果是共享的。尤为重要的是,这一理论强调党的统领作用,把"党委领导"作为整个社会治理的根本前提,这就避免了西方多中心治理模式固有的治理效率低、好事难办成的弊端。总之,共建共治共享理论为研究村民参与乡村治理提供了重要理论依据。

第二节 村民参与乡村治理的实践依据

党的十八大以来,我国社会主要矛盾已经转变为"人民日益增长的美好生活需要和不平衡不充分的发展之间的矛盾"。为适应这一主要矛盾的转变,乡村振兴战略应运而生。治理有效是乡村振兴战略的五大目标之一。要实现治理有效,就必须充分发挥村民的积极性和主动性。村民参与乡村治理,是对自身利益诉求的积极回应,是乡村治理精准化的客观要求,是乡村治理公正化的必然要求。

一、村民参与乡村治理,是对自身利益诉求的积极回应

自古以来,乡村的发展便与村民的利益密切相关。然而,在中国漫长的乡村发展史上,村民利益曾经长期处于被盘剥的境地。直到中国共产党带领农民、工人闹革命,村民的利益才逐步得以实现并日益巩固。在革命战争年

代,中国共产党带领广大农民"打土豪、分田地",有了自己土地的村民真正翻身做主人,把自己的命运与乡村发展的命运紧密联系在一起。新中国成立后,尤其是家庭联产承包责任制实施以来,我国村民的利益得到越来越好的实现。进入新时代以来,随着社会主要矛盾的转变,村民的利益诉求也不断升级(从物质文化需要到美好生活需要),需求内容越来越丰富,需求层级越来越高阶,对民主、法治、公平、正义等的诉求日益强烈。为了维护好、实现好自身的利益诉求,村民必须积极主动参与乡村治理,通过参与乡村发展政策的制定与执行,实现自身的经济利益;通过参与村庄民主政治制度的制定与执行,实现自身的政治利益;通过参与村庄文化传承与保护制度的制定与执行,实现自身的文化利益。总之,没有村民的有序参与,便没有乡村治理的高效进展,也没有村民利益的巩固发展。

二、村民参与乡村治理,是乡村治理精准化的客观要求

新中国成立以来,我们在很长一段时间里采取的是一种"悬浮式"的乡村管理模式,通过自上而下的科层制体系,构建起乡村管理的制度体系。这种管理模式简单粗暴地把村民作为管理的对象。由于缺少村民的主动参与,我们制定的乡村发展政策不能真正体现村民的意愿。进入新时代以来,我们对乡村发展有了新的认识,特别是治理理念的引入,引导我们逐步构建起中国共产党领导下的乡村多元共治的格局。中国共产党人的初心和使命是"为中国人民谋幸福,为中华民族谋复兴"。中国共产党领导下的乡村治理必须坚持以村民为中心,想村民所想,急村民所急,致力于解决好广大村民关心的热点、难点问题,为实现村民共同富裕保驾护航。要真正了解和把握村民关心的问题,就必须引导村民积极主动参与乡村治理。只有充分发挥好村民在乡村治理中的主体作用,切实体现好村民在乡村治理中的主体地位,才能从村民主体的角度精准了解和把握村民的需求,也才能使党委政府制定的政策更精准地反映村民的需求。

三、村民参与乡村治理,是乡村治理公正化的必然要求

公平正义是社会主义核心价值观的重要内容,也是新时代村民利益诉求的重要内容。随着社会主要矛盾的转变,村民对公平正义的关切比以往任何时期都更强烈,体现在乡村治理中,不仅要求程序公平公正、过程公平公正,也要求结果公平公正。可以说,乡村治理的公平公正,直接关系到村民的切身利益。这种公平公正是无法靠"代理人"式的治理来实现的。村民作为重要的利益主体,参与乡村治理是其权利也是其义务。在这个过程中,村民通过各种形式的参与,不仅可以增强监督力量,还可以强化监督效果,促进乡村治理的公平公正,进而提高自身对乡村治理方案的认可度和执行度,保障乡村治理的顺利推进。例如,村民代表大会制度的实施,让村民有力有效参与乡村重大事务的决策,并通过完善的监督制度全程监督决策结果的执行,为防止权力寻租,确保村庄事务朝着维护好、实现好村民利益的方向发展起到重要作用。

第三章　村民参与乡村治理的背景及特征

第一节　村民参与乡村治理的背景

一、乡村治理模式的现代化趋势为村民参与乡村治理提供重要前提

中国乡村治理模式随着中国国家现代化进程的推进处于不断变化发展的过程中。腐朽的清王朝在西方工业文明带来的坚船利炮的冲击下,根本无法对国家和社会实行有效治理,人心涣散,国运日下。如何才能在西方列强的铁蹄下凝聚人心、汇聚力量、动员各种资源把西方殖民者赶出去,把国内的腐朽统治者赶下台,进而发展生产、促进发展,实现中华民族伟大复兴,就成为近代以来中国政治发展的主题。近代以来,"民族-国家"和"民主-国家"双重化建构过程的非均衡性是中国现代化国家建构的突出特征[①]。中国要构建一个现代化的国家,首先要推翻封建王朝,实现王朝国家向民族国家的转型,完成"民族-国家"的建构,然后推动"民主-国家"的建构,最后实现民主政治的转型。

---

① 徐勇.现代国家建构中的非均衡性和自主性分析[J].华中师范大学学报(人文社会科学版),2003,(05):97-103.

清末民初,中国在有识之士的推动下开始了"民族-国家"的建构,这一任务一直延续到中华人民共和国成立。其主要任务是推翻压在中国人民头上的三座大山,建立一个主权独立、能够有效整合社会力量,进而推动民族复兴的民族国家。1840年鸦片战争以来,在内外交困中,传统的因"山高皇帝远"而滋生的"乡绅治村"模式,根本无法做到从农村汲取资源以支持现代化国家的发展,国家必须建立一个能够延伸到偏远乡村的具有强大控制力的现代行政体系。随着国家行政权力强势延伸到乡村,渗透到乡村社会的角角落落,在中国乡村延续几千年的"乡绅治村"模式被打破了。在这一过程中,中国共产党是唯一能够带领中国人民完成"民族-国家"建构任务的政党。新中国成立以来,中国通过在农村建立政社合一的人民公社,把近代以来如一盘散沙的中国村民彻底组织起来,为实施农村支援城市的社会发展制度奠定坚实基础。随着经济社会的发展,人民公社制度日益表现出与生产力发展不相适应的特征,尽管其有利于国家对农村资源的汲取,但这一制度束缚了村民发展生产的自主性和积极性,最终成为阻碍生产力发展的落后制度。于是,改革开放以来,家庭联产承包责任制的建立,极大解放了农村生产力,充分调动了村民的生产积极性,推动了"乡政村治"治理模式的形成和巩固。这一模式通过民主选举、民主决策、民主管理、民主监督,为村民各项民主权利的实现保驾护航,推动了农村社会民主的发展。这种因农村家庭联产承包责任制改革的乡村治理模式的新变革,是中国现代化国家建构从"民族-国家"向"民主-国家"转型的生动体现,为以民主化方式整合乡村建设力量推进农村现代化打下坚实基础。

二、依法治国的推进为村民参与乡村治理提供坚实保障

　　村民参与乡村治理的权益如果没有完善的法治作为保障,便不可能真正得以实现。旧社会的中国村民,身处多重剥削压迫之中,连吃饭、穿衣等最基本的生活需求都无法满足,根本谈不上什么自治权益。只有在社会主义新中国,在宪法和法律的保障下,村民的自治权益才得以切实维护和发展。新中国成立以来,从中央政府到地方政府,都出台了一系列法规制度推动村民自治权益的落实。中央层面以《中华人民共和国宪法》(以下简称《宪法》)和《中

华人民共和国村民委员会组织法》(以下简称《村民委员会组织法》)为重要依据为村民自治保驾护航。1982年颁布的《宪法》第一百一十一条以根本法的形式,对村民委员会的基层自治组织属性予以确立,是国家层面的最高法律规定。1987年11月,第六届全国人大常委会审议通过《中华人民共和国村民委员会组织法(试行)》,进一步落实《宪法》对广大村民参与村级事务权益的相关规定。1998年11月第九届全国人大常委会和2010年10月第十一届全国人大常委会根据形势的发展,对《村民委员会组织法》进行修订完善,深入总结村级自治经验,并通过法律的形式固定下来。进入新时代,村民自治的环境发生深刻变化,为适应新的需求,全国人大常委会对《村民委员会组织法》进行了新的修订。修订后的《村民委员会组织法》进一步丰富和完善了村民委员会成员的选举和罢免程序、民主议事制度、民主管理和监督制度,从制度层面对村民自治权益做出新的规定。

除国家层面的立法行为外,我国各地也结合自身实际制定了保障村民行使自治权益的地方性法规、规章及规范性文件。浙江省人大常委会于2012年3月根据国家层面新修订的《村民委员会组织法》,修订通过了《浙江省实施〈中华人民共和国村民委员会组织法〉办法》和《浙江省村民委员会选举办法》两个地方性法规。此外,浙江省围绕村民自治权益的实现和维护又出台了一系列法规制度,如《浙江省村级组织工作规则(试行)》《浙江省村务监督委员会工作规程(试行)》《浙江省村民代表会议工作规程(试行)》等。这一系列地方性法规的制定和出台,进一步为村民自治权益的落实提供了法律法规支撑。

三、乡村振兴战略的实施为村民参与乡村治理提供强大动力

毛泽东曾经在《关于正确处理人民内部矛盾的问题》一文中指出:"我国有五亿多农业人口,农民的情况如何,对于我国经济的发展和政权的巩固,关系极大"。这表明解决好农村农业农民问题对维护国家大局稳定的重要性。基于新中国成立初期我们国家面临的复杂局面,在"国家统合社会"的前提下,乡村形成了"政治高度吸纳社会"的情景。"国家统合社会"在农村通过人民公社实现整治整合、社会治理与资源再分配,这是一种通过组织结构的单

一管理主体实现意识形态整体统合的"硬管理"刚性手段,村民在这一管理过程中主要是被动地接受管理。随着"单位制"的瓦解,村民成为"社会人",国家与社会之间的统合关系发生变化,柔性治理的理念被越来越多地运用到乡村治理,村民在这一过程中的主体地位越来越凸显。党的十九大正式提出乡村振兴战略,并提出"产业兴旺、生态宜居、乡风文明、治理有效"的发展目标。关于如何实现"治理有效",习近平总书记在2019年1月的中央政法工作会议上提出了建设社会治理共同体的要求:"调动城乡群众、企事业单位、社会组织自主自治的积极性,打造人人有责、人人尽责的社会治理共同体"。在这一共同体打造的过程中,村民作为乡村治理重要主体的地位和作用越来越凸显,无论是政策层面还是实践层面,都为村民参与乡村治理营造了良好环境。村民参与的渠道越来越畅通,各地都建立了村民的利益表达、利益协调、利益保护机制及其配套政策体系,如浙江省各地普遍建立了居民会客厅、幸福议事厅等村民参与乡村治理的平台,为村民提供了能够共同交流、协商和解决问题的场所。这些平台不仅为村民提供了参与乡村治理的机会,还促进了村民的相互了解和沟通,增进了彼此的信任和合作。除了这些平台,浙江省还出台了一系列配套政策体系,进一步保障了村民的参与权利。这些政策包括加强村民代表会议制度建设、完善村民自治机制、推进农村社区建设等。这些政策的实施,为村民提供了更加稳定和可靠的参与渠道,也使村庄的治理更加规范化和有序化。

第二节 村民参与乡村治理的特征

随着基层民主实践的深入推进,村民参与乡村治理已经成为一种普遍的自觉行动,广度和深度都发生了深刻变化。这种变化不仅体现在村民对治理过程的积极参与,也体现在他们对治理结果的积极影响。在这个过程中,村民们不再是被动的接受者,而是成为主动的参与者,通过自己的努力和智慧,为乡村治理贡献力量。同时,基层民主实践的深入推进也为村民参与乡村治理提供了更多的机会和平台,使他们的参与更加有效和有力。这种变化不仅为乡村治理注入了新的活力,也为基层民主实践提供了更加坚实的基础。但与此同时,村民参与乡村治理也存在一些值得重视之处。

一、参与热情高但参与能力不足

自党的十八大以来,我国社会主要矛盾发生了转变,随之而来的是人们对于民主、法治、公平、正义等方面的需求日益增强,对政治参与的热情和积极性也不断提升。在农村地区,村民参与村级治理的热情也呈现不断上涨的趋势。这种参与热情源于村民对自身利益的关注和对乡村发展的渴望,他们希望通过参与村级治理,更好地表达自己的意见和诉求,共同推动乡村的发展和进步。此外,中央和省级政府关于村民自治法律法规制度的日臻完善,也为保障村民自治权益奠定坚实基础,这进一步激发了广大村民参与乡村自治的积极性和主动性。但与村民高涨的参与热情形成鲜明对比的是,他们的参与能力并未实现质的提升。首先,村民的素质良莠不齐,部分村民受教育程度较低,表达能力也相应受到限制。尽管他们有着强烈的参与愿望,却往往无法明确表达自己的参与意图。由于缺乏足够的文化知识和语言表达能力,他们在参与过程中感到力不从心。其次,村民长期以来习惯了一种无序的参与方式,对于程序严密、制度完备的村级民主治理既不熟悉,也不习惯。这种无序的参与方式往往缺乏有效的沟通和协调,导致村民们的参与效果大打折扣。这种无序参与,阻碍了村民参与能力的提升,使他们难以适应规范的参与方式。

二、权利意识强但法治观念淡薄

计划经济时代,农村利益主体尚未分化,村民把集体利益看得很重,凡事以集体利益为重。改革开放以来,尤其是市场经济实施以来,乡村社会多样性增加,个体意识觉醒,加速从"义务本位"向"权利本位"转变,村民对自身权益的维护和实现越来越重视。在追求自身权益的过程中,因法治观念淡薄,一些村民采取了非理性,甚至非法的行为:有的村民为了维护自身宅基地权益,擅自侵占他人合法宅基地,甚至因此发生激烈冲突。在村级民主自治过程中,有的候选人为了当选创造出一些花样:有人给村民送一只皮鞋,并承诺当选后给另一只皮鞋;有人给村民送一张购物卡,却不告知密码,等当选了才告知密码。所有这些不正常的现象,都表明现阶段村民在参与乡村自治中法治观念的淡薄。一方面,这与村民自身不重视法治素养的提升有关。另一方面,也是我们尤其要注意的,针对村民法治素养提升的手段欠缺,针对性不足,仅满足于办个黑板报、搞几次普法宣传活动、发一张法律知识明白纸。此外,对贿选的打击力度不够、震慑效应不强也是当前村级自治中贿选现象蔓延的重要原因。

三、选举前在场而选举后离场

村级民主的制度设计与全过程人民民主一致。村民参与应该是一个闭环的过程,不仅包括民主选举,还包括民主决策、民主管理、民主监督等。但在现实中,村民在选举前被高度重视,有的地方出现为了拉选票又是请客,又是送礼的现象。而选举后,村民就成了摆设,村干部有事很少会找村民协商,即使找村民协商也是走一下过场。久而久之,村民也养成了参与的惰性,认为村级民主不过就是选举,选举过后就没自己什么事了。于是有些地方出现村干部腐败扎堆的现象,这与村民在村级民主中的缺位有重大关系。而事实上,随着我们国家乡村现代化的推进,村民对参与民主选举的意义有了新的认识,参与愿望也越来越强烈。如何把村民的这种参与愿望转化为参与的成效,需要在制度设计上进行不断创新。要通过建立、完善相关制度,让村民能参与、会参与、全程高效参与,这种高效参与又会进一步激发村民参与的积极性与主动性。

第四章 村民参与乡村治理的机遇与挑战

第一节 乡村治理现代化为村民参与带来新机遇

当前,乡村振兴战略的深入实施、外出务工人员的持续回归、数字技术的深度嵌入,为乡村治理现代化的推进提供了强大动力。村民参与也因乡村治理现代化的推进迎来难得机遇。

一、政策扶持酝酿难得机遇

党的十九大提出乡村振兴战略,党的二十大要求全面推进乡村振兴。这一战略的实施,不仅体现了国家对乡村发展的高度重视,也标志着我国乡村建设进入了一个全新的发展阶段。随着乡村振兴战略的全面实施,国家的社会治理重心下移,各级党委政府不断加大对乡村的政策扶持,为乡村发展带来前所未有的活力。在国家层面,一系列重大政策相继出台,如中共中央、国务院《关于加快发展现代农业进一步增强农村发展活力的若干意见》,中共中央、国务院《关于全面深化农村改革加快推进农业现代化的若干意见》,中共中央、国务院《关于实施乡村振兴战略的意见》,中共中央、国务院《关于坚持农业农村优先发展做好"三农"工作的若干意见》等。在地方层面,为配合中央政策,各地相继出台了支持乡村振兴的政策举措,从人力、物力、财力上对乡村发展倾力扶持。浙江省 2018 年出台《全面实施乡村振兴战略高水平推进农业农村现代化行动计划(2018—2022)》并配套出台"金融服务乡村振兴20条意见",2020年出台《关于高质量推进乡村振兴确保农村同步高水平全面建成小康社会的意见》,2022年出台《关于开展未来乡村建设的指导意见》。此外,2021年整个国家层面脱贫攻坚任务的全面完成,进一步为推进乡村治理现代化、促进村民参与夯实根基。

二、人员回归强化主体力量

自改革开放以来,由于城乡二元结构的存在,城乡之间逐渐形成了资源上的"汲取与被汲取"关系。这种关系导致城乡差距的不断加大,使农村地区的人口大量涌入城市,农村社会一度出现"空心化""原子化"的现象。原本以"熟人化"为特点的乡土社会逐渐沦落为"半熟人"社会。人的"离场"使乡村治理现代化的原动力逐渐丧失,乡村衰败呈愈演愈烈态势。针对这种局面,早在2015年,国务院便专门印发《关于支持农民工等人员返乡创业的意见》(国办发〔2015〕47号),指出"支持农民工、大学生和退役士兵等人员返乡创业,通过大众创业、万众创新使广袤乡镇百业兴旺,可以促就业、增收入,打开新型工业化和农业现代化、城镇化和新农村建设协同发展新局面"。近年来,随着乡村振兴战略的深入实施,一系列创业扶持政策在农村落地,吸引了越来越多的外出务工人员和大学毕业生返乡创业。"新冠疫情"进一步促成了这种"回归"。据统计,2020年我国返乡入乡创业人员累计达到1010万人,比上年增加160万人。虽然回乡创业人员的数量还不是很多,但已经呈现出良好势头。从"在场"到"离场"再到"入场",人的渐次回归为农村发展注入了新的"活力",在促进乡村现代化的同时,也为村民广泛深入参与乡村治理提供了可能。

三、数字技术提供动力支持

数字技术为乡村治理提供了强大的动力支持,使乡村治理更加智能化、高效化。数字化已成为未来乡村治理的重要目标和方向,国家相继出台了一系列政策文件,如《数字乡村发展战略纲要》《数字农业农村发展规划(2019—

2025年)》《关于开展国家数字乡村试点工作的通知》等,都对乡村数字体系的构建提出了明确的要求。

为了响应国家的政策,各省都相继出台了乡村数字建设的规划和办法。例如,浙江省于2021年制定出台了《浙江省数字乡村建设实施方案》,该方案提出了到2035年数字乡村整体格局全面形成,乡村信息基础设施全面提升,乡村数字产业进一步壮大,数字乡村公共服务体系、治理体系全面建成,村民数字化素养明显提高,城乡"数字鸿沟"基本消除的建设目标。

数字技术的嵌入,使乡村治理现代化成为可能,为乡村治理提供了新的巨大动力。数字技术的应用,可以实现乡村信息的实时采集、传输和处理,提高治理效率和质量。同时,数字技术还可以为村民提供更加便捷、高效的服务,如在线教育、远程医疗等,促进农村经济的发展和村民生活水平的提高。各地围绕如何更好提升乡村治理绩效、赋能村民参与乡村治理,开发了一系列数字赋能应用平台。数字技术赋能乡村治理,在增强村民参与能力的同时,也为村民高效参与乡村治理提供了新的载体和平台。

第二节　村民参与乡村治理面临新挑战

乡村治理的效果是否理想,关键在于村民的参与是否足够深入。无论是构建一个由"党委领导、政府负责、社会协同、公众参与、法治保障、科技支撑"构成的乡村社会治理体制,还是建设一个"人人有责、人人尽责、人人享有"的社会治理共同体,如果没有得到六亿多村民的支持和参与,那么这一切都只是空谈。习近平总书记在参加十三届全国人大一次会议山东代表团审议时明确指出,"要充分尊重广大农民意愿,调动广大农民积极性、主动性、创造性"。然而,我们不能忽视的是,当前的村民在参与乡村治理的过程中,面临以下五个方面的困境。

一、利益联结不足带来的消极性挑战

利益是影响村民参与村庄事务积极性的重要因素,这一观点在许多研究

中都得到了证实。村民参与村庄事务的积极性不仅受到个人利益的影响,而且受到集体利益的影响。在乡村振兴中,如果村民的利益被忽视,他们可能会感到不满和失望,从而失去参与村庄事务的热情和动力。因此,为了提高村民参与村庄事务的积极性,必须重视村民的利益并采取有效的措施来保障和维护村民的利益。这包括在政策制定中充分听取村民的意见和要求,以及在实施过程中加强对村民利益的关注和保护。只有这样,才能真正实现乡村振兴的目标,促进农村的发展和繁荣。然而,值得关注的是,目前有的村庄几乎没有与村民建立利益联结,有的村庄虽建立与村民的利益联结,利益的内容却较为单一,村民并未从这一利益联结中获取多少真正的利益。例如,部分村庄把村民土地流转到村集体手中,每年给予村民一定的土地流转费,一亩地在几百元到一千多元不等。由于户均土地本来就少,村民从土地流转中的获益并不多。于是,在一些村庄中出现了"干部干、村民看"的现象,村民不但对村庄事务不感兴趣,还对参与村庄垃圾清扫等的村干部冷嘲热讽。利益联结的不足已经成为影响村民参与村庄事务积极性的重要因素之一。此外,城乡二元结构带来的户籍、社保、医疗、教育等方面利益的不平衡,从根本上割裂了城市人与农村人的自我意识与自我权利[1]。一部分村民因此选择离开村庄、融入城市。与故土的分离,逐渐演变为对自我主体意识的疏离,村庄事务也就"事不关己,高高挂起"。

二、乡土社会解构带来的松散化挑战

中国乡村原本是一个富有黏性的乡土社会。1949年以前的很长一段时间,"农耕社会"是中国乡村的典型特征,此时的乡村"皇权不下县,县下惟宗族,宗族皆自治,自治靠伦理,伦理造乡绅"[2],不断发展壮大的宗族组织和富有极强约束力的"村规民约"是乡村社会得以维系的主要力量。这种以乡绅为核心、以宗族为主导的乡土社会把村民紧密团结起来,使他们成为一个不可分割的利益共同体。1949年到1978年的计划经济时期,在城乡二元体制

---

[1] 李小莉.新农村建设中增强农民主体意识的对策探讨[J].经济研究导刊,2010,(16):37-38.
[2] 魏萍,蔺宝钢,张晓瑞.基于社会治理结构演变的乡村公共空间响应特征研究——以西安白鹿原地区乡村为例[J].中国园林,2021,37(10):95-99.

下,国家采取汲取乡村资源的方式支持工业的发展,并通过人民公社这一政权组织对乡村进行管理。于是,"宗族治村"逐渐退出乡村历史舞台。人们围绕人民公社紧密联系在一起,实现了从"社区共同体"到"政治共同体"的转变[①]。改革开放以后到2005年,随着人民公社的消亡和家庭联产承包责任制的推行,已退出历史舞台的宗族势力已经无法形成治村力量。此时的乡村呈现出治理主体缺位的状态,乡村治理趋于弱化。随着经济社会的发展,大批村民外出务工,计划经济时代培养起来的集体意识逐渐被个体意识取代,村民与乡村的联系日益松散化。这种情况在2005年以后随着国家资源下沉乡村,出现了改观的迹象,但总体上看,整个社会的发展带来的乡土社会解构趋势仍在延续,而且越偏远的农村的这种"松散化"的情况越严重。

三、乡村文化式微带来的离散化挑战

习近平总书记在党的十九大报告中指出,"文化是一个国家、一个民族的灵魂。文化兴国运兴,文化强民族强",足见文化传承与发展的重要性。在绵延几千年的中华文化宝库中,乡土文化是一颗瑰丽灿烂的明珠,是中华文化的根脉,也是中华民族文化自信的根源。可以说,没有乡村文化的传承与发展,就没有乡村的繁荣发展和乡村文明的复兴[②],也就没有整个中华民族的伟大复兴。但一个不可忽视的现实是,随着经济社会的发展,乡村这个原本文化兴盛的地方已经或正在出现乡村文化的式微,甚至衰败。出现这种现象的原因在于村民与赖以生存的土地的日益剥离。乡村文化因"土"而生。数千年来,中华民族借助生之养之的土地,孕育出灿烂辉煌的乡村文化。但改革开放以来,随着大量村民外出以及城市发展对农村土地的侵蚀,越来越多的村民与土地剥离了关系。这使乡村文化赖以传承的根基出现动摇,甚至垮塌。文化是具有强大凝聚力和向心力的资源,乡村文化是凝聚村民、使村民产生认同感和归属感的重要因素。乡村文化的式微带来的一个严重后果便是村民的离散化。原本依靠乡村文化把心灵维系在一起的村民,逐渐从心理

---

① 项继权.中国农村社区及共同体的转型与重建[J].华中师范大学学报(人文社会科学版),2009,48(03):2-9.

② 马新妍.文化社会学视域下的乡村文化危机及其破解之道[J].理论导刊,2019,(04):67-73.

上出现离散化。这种离散化表现为村民对村庄的认同感和归属感日益淡化。这种因乡村文化式微而带来的村民离散化,给村民参与乡村治理带来极大影响,成为引发乡村治理困境的重要原因。

四、基层组织内卷带来的低效化挑战

火车跑得快,全靠车头带。农村基层组织作为乡村经济社会发展的组织者和引领者,其领导力和组织力的强弱,直接关系到乡村治理的成效。近年来,一些农村基层党组织出现了内卷现象,引发基层组织的低效化。出现内卷的原因主要有三个。一是农村基层组织过度行政化引发内卷。农村基层组织本不是一级行政组织,其主要任务是维护农村的发展稳定。但近年来,随着乡镇权力的下沉,农村基层组织被动承担了过多的行政任务,几乎成为乡镇一级的附属行政单位。部分农村党员干部,尤其是主职干部整天忙于上级下达的行政任务而陷入内卷境地,根本无暇顾及本村的发展。二是乡村治理中形式主义严重引发内卷。随着信息技术的发展,乡镇一级组织在向农村基层组织下达任务时,都要求通过手机拍照、存档做台账等形式留痕并上传到数字信息系统,类似的这种形式主义令农村党员干部苦不堪言。作者在疫情期间的一次调研中,发现有的村书记一天要扫一千多次场所码才算完成上级下达的任务。类似的形式主义引发的内卷使农村基层组织效率低下。三是村庄发展经费紧缺引发内卷。农村税费改革后,乡镇财政出现"空心化",已经无力承担农村基层组织经费拨付任务,这导致农村基层组织经费严重依赖县一级政府。然而,由于僧多粥少,一些农村基层组织因经费紧缺而陷入内卷,服务村庄发展的能力低下。农村基层组织因内卷引发的低效化,必然会影响服务村民的成效,破坏村干部在村民心中的形象,进而影响干群关系。基层干部内卷带来的低效化挑战,让村民对村干部的信任越来越弱化,进而影响了村民对村庄公共事务的参与度。

五、能力水平较低带来的弱参与挑战

人之所以被称为主体,是与客体相对的,人也只有在能动改造客体(包括人自身)时,才称得上真正的主体,此时的人也才具有主体性[①]。人的主体意识也就是人对于自身主体地位、主体能力和主体价值的一种自觉意识,主体意识是人具有主观能动性的重要基础。人的主体意识不会一成不变,而是受到政治、经济、文化及自身能力水平的影响。改革开放之初,我国通过在农村发展商品经济,推动农业现代化,促进农村发展、村民富裕。为实现这一目标,国家主要依托家庭联产承包责任制,推动农业生产由集体转向农户;实施有计划的商品经济推动农产品商品化;尊重村民意愿,深化农村劳动力就业自主化,激活农村社会经济活力以解放和发展农村生产力[②],促进农村增收、村民致富。物质决定意识,日益富裕的村民的主体意识大为增强,对自身在村庄发展中的主人翁地位有了清晰、明确的认识,参与村庄公共事务的积极性和主动性被越来越充分地激发出来。与此同时,村民的个体意识、权利意识、民主意识不断增长。近年来,大量有知识、有文化、见识广、能力强的村庄精英通过升学、外出务工、经商等离开了乡村,留在村里的多为受教育程度和文化水平较低的老年人、妇女、儿童以及身体羸弱的青年人,即使是在较为发达的东部沿海一带的乡村,村民的素质也良莠不齐,多数村民的视野和思维相对狭窄,对参与乡村治理的积极性、主动性不强,对民主决策、民主管理、民主监督的理解和把握能力较弱,对参与乡村公共事务的热情不高或虽有热情但是心有余而力不足。

[①] 韩平,薛嘉树.关于农民公私观念的审视与重塑——基于主体性、公共性、现代性的逻辑分析[J].湖南科技大学学报(社会科学版),2020,23(06):108-118.

[②] 李蕴哲,戴玉琴.乡村治理中基层党组织政治功能强化的三维审视[J].学海,2020,(06):14-19.

第五章 社会资本视角下村民参与乡村治理的实证分析

第一节 案例背景——"千万工程"

一、浙江"千万工程"开辟乡村振兴新路径

"千万工程"即"千村示范、万村整治"工程,是习近平总书记在浙江工作期间亲自谋划、亲自部署、亲自推动的一项重大决策。2003年6月,时任浙江省委书记的习近平同志在广泛调研的基础上,提出从全省4万个村庄中选择1万个左右的行政村进行全面整治,把其中1000个左右的中心村建成全面小康示范村。20年来,从"千村示范、万村整治"到"千村精品、万村美丽"再到"千村未来、万村共富",浙江"千万工程"探索出一条以农村人居环境整治小切口推动乡村全面振兴的科学路径,造就了万千美丽乡村,造福了万千村民群众,引领浙江乡村面貌发生历史性巨变,生动彰显了习近平新时代中国特色社会主义思想的真理力量,充分体现了"八八战略"的实践伟力。

自2003年启动以来,浙江"千万工程"历经三个阶段。

第一阶段为"千村示范、万村整治"阶段。2003年—2007年是以全面小康示范村培育为载体的典型引路阶段。2003年,省委、省政府做出实施"千村示范、万村整治"工程的重大决策,即"用5年时间,对全省10000个左右的行政村进行全面整治,并把其中1000个左右的行政村建设成全面小康示范

村"。经过五年的努力,全省累计投入建设资金600多亿元,完成建设省级"全面小康建设示范村"1181个,使10303个村庄的环境得到较好整治。2008年—2011年是以"五大项目"建设为载体的环境综合整治阶段。为使农村环境综合整治更加具体、更有针对性,从落细、落小、落地做文章,从村民群众最关心、最直接、最现实的民生问题入手,着力推进村道硬化、垃圾处理、污水治理、卫生改厕和村庄绿化等五大项目建设。

第二阶段为"千村精品、万村美丽"阶段。2011年—2015年是以五级联创为载体的美丽乡村建设时期。浙江省委正式提出开展美丽乡村创建,明确以"全县域做品牌、风景线做主题、精品村做个性、农家居做乡土"为美丽乡村先进县创建的基本骨架,以中心村培育建设、历史文化村落保护利用为支点,以深度开展污水治理、垃圾处理并彰显村落干净质朴第一感观为基本面,着力开展美丽乡村的市、县、乡、村、户的五级联创。2016年—2020年是以美丽乡村示范县为载体的美丽乡村建设时期,在浙江全省开展新时代美丽乡村创建行动,推动美丽乡村建设实现五个转型,打造美丽乡村升级版。一是推动乡村建设从"一处美"向"一片美"转型,彰显乡村美的常态。其基本要求是推动乡村从单个村点建设向连线成片转型,是乡村振兴"面"升级的基本要求。坚持"以点带面",整乡整镇和点线面片相结合抓推进,把盆景变成风景,在整体上、区域上全面改善和提升农村的人居环境和群众的生活品质,切实改变过去"走过很多垃圾村,来到一个新农村"的状况。二是推动乡村建设从"一时美"向"持久美"转型,彰显乡村美的"长"态。其基本要求是建管并举推进农村环境综合治理,是乡村振兴"链"升级的基本要求。坚持"以净为底",全方位治理与日常化管理相结合抓推进,既高度重视阶段性的工程建设,又切实注重持久性的维护运行,巩固建设成果,保持农村环境面貌干净整洁的第一感观。三是推动乡村建设从"外在美"向"内在美"转型,彰显乡村美的"心"态。其基本要求是全面展现乡土味道,是乡村振兴"核"升级的基本要求。坚持"以文为魂",挖掘乡村的文化特质和体现民居的地域特色,推动美丽乡村从环境美向形制美、从外在美向内在美的不断递进,整体彰显浙江乡村"诗画江南"的独特魅力。四是推动乡村建设从"环境美"向"发展美"转型,彰显乡村美的业态。其基本要求是运用乡村建设成果促进村民创业增收,是乡村振兴"果"升级的基本要求。坚持"以业为基",运用经营村庄理念,美乡村、育产业、富村民有机结合抓推进,培育新型业态,发展美丽经济,实现美村与富民互进互促以及"规划、建设、管理、经营、服务"五位一体。五是推动乡村建设从"风景美"向"风尚美"转型,彰显乡村美的状态。其基本要求是实现"人改造环境"与"环境改造人"的良性循环,是乡村振兴"本"升级的基本要求。坚持"以人为本",围绕培育广大村民群众健康向上的精神状态,以乡村振兴的生动实践为载体,全面开展农村的自治、法治和德治,实现"物的美丽"与"人的美丽"的相得益彰。

第三阶段从2021年开始,是"千万工程"的迭代升级阶段。这一阶段以深化"千村未来、万村共富"为引领,以建设共同富裕现代化基本单元为目标,持续深化、迭代升级"千万工程",制定出台未来乡村指导意见、评价办法、建设导引,先后开展三批686个未来乡村建设,公布两批验收合格省级未来乡村275个。"未来乡村",是以"人本化、生态化、数字化"为建设方向,以原乡人、新乡人、归乡人为建设主体,以有人来、有活干、有钱赚为建设定位,以乡土味、乡亲味、乡愁味为建设特色,以打造未来产业、风貌、文化、邻里、健康、低碳、交通、智慧、治理九大场景为建设目标,集成"美丽乡村＋数字乡村＋共富乡村＋人文乡村＋善治乡村"建设,引领数字生活体验、呈现未来元素、彰显江南韵味的乡村新社区。

到2022年底,浙江全省90％以上村庄达到新时代美丽乡村标准,建成美丽乡村示范县70个、示范乡镇724个、风景线743条、特色精品村2170个、新时代美丽乡村15841个、美丽庭院300多万户。农村生活垃圾基本实现"零增长""零填埋",美丽乡村创建先进县(市、区)数量全国第一,农村人居环境整治测评全国第一。浙江城乡居民收入,分别连续22年、38年居全国省区第一。城乡居民收入比从2003年的2.43缩小到2022年的1.90。村级集体经济年经营性收入50万元以上的行政村占比过半。

二、浙江"千万工程"的逻辑

从一开始的村庄环境整治到而今的乡村全面振兴,"千万工程"已经成为引领浙江城乡融合发展、推动乡村全面振兴的一张"金名片"。无论是在国内还是国际上,"千万工程"都赢得巨大赞誉。浙江村民称之为"继家庭联产承包责任制后,党和政府为村民办的最受欢迎、最为受益的一件实事";专家学者评价其是"在浙江经济变革、社会转型的关键时刻,让列车换道变轨的那个扳手,转动了乡村振兴的车轮"。21世纪初,时任浙江省委书记的习近平同志之所以亲自谋划、部署和推动"千万工程",其背后有着深刻的逻辑。

(一)理论逻辑:"现代化陷阱"的理论镜鉴

著名历史学家罗荣渠认为,现代化从广义而言,是指工业革命带来的生产力变革进而导致的生产方式大变革,这是人类通向全面发展之路的一个必经阶段。纵观人类历史,现代化"酝酿于文艺复兴、肇始于工业革命、勃兴于全球化进程",自西而东,席卷全球,没有哪个国家能够例外[①]。但一个不争的事实是,现代化的普适性并不必然意味着每个国家都可以成功实现现代化。在通往现代化的道路上,往往布满"陷阱",正如亨廷顿所言,"现代性孕育着稳定,而现代化过程却滋生着动乱"。"现代化陷阱",是指一个国家或地区在追求和实现现代化的过程中,可能面临的难以突破的、负面的稳态均衡状态[①]。世界上发展中国家的现代化之路表明,"现代化陷阱"已经成为内嵌于现代化进程之中的一个不可忽视的问题。因此,中国在推进中国式现代化的过程中,必须充分吸取国际经验教训,全力避免落入"现代化陷阱"。21世纪初的浙江,处于中国的先发阵列,经济活跃,发展迅速,可谓"村村点火、户户冒烟",人均GDP虽然已经超过2000美元,但这种粗放式的经济发展方式在带来经济利益的同时,也因严重的环境污染影响了群众的幸福感。时任浙江省委书记的习近平同志在广泛调研浙江省情民情的基础上,吸取世界上发展中国家落入"现代化陷阱"的经验教训,亲自谋划、部署、推动了"千万工程",意在从村民群众最关心的环境问题入手,逐步推动乡村的全面发展,提升群众的幸福感和满意度。正如习近平同志在2005年1月7日的"千万工程"推进会上指出的那样,在这一特殊时期,是否高度重视"三农"问题,能否有效解决"三农"问题,显得尤为重要。如果不能解决好"三农"问题,城乡差距扩大的趋势得不到遏制,大量的村民不能转为安居乐业的市民,全面建设

---

① 夏锦文.现代化陷阱:类型识别及中国应对[J].现代经济探讨,2018,(06):1-7.

小康社会的目标就无法实现,甚至会陷入经济停滞、社会动荡,有增长、无发展的"现代化陷阱"[①]。这充分彰显了习近平同志对整个国家现代化的历史担当和深谋远虑。

(二)历史逻辑:城乡二元结构的历史回望

城乡关系主要是指城市与乡村在分工基础上形成的相互依赖、相互影响、相互作用的多重关系[②]。学术界历来重视对城乡关系的研究。西方学者先后就城乡关系提出了田园城市理论、二元结构理论、城市偏向论、城乡共同发展论等理论观点,但在中国式现代化进程中如何推进城乡一体化,这些理论并未做出解答。马克思、恩格斯在批判吸收空想社会主义关于城乡关系论述观点的基础上,提出了马克思主义城乡关系理论。该理论认为从分离到融合是城乡关系发展的必然趋势,而这种融合只有在生产力高度发达的情况下才会实现。新中国成立以来,我国城乡关系经历了一个曲折的过程。在很长一个时期内,我们实行的是城市中心化策略,以工业为主,农业支持工业,这导致严重的城乡二元结构。党的十一届三中全会后,我国试图通过体制机制改革,依托社会主义市场经济,逐步破解城乡二元结构。但因对乡村自身发展规律的把握还不够深入和精准,这种努力的效果不彰。这与追求中国式现代化的努力相背。如何破解城乡二元结构成为摆在中国式现代化道路上的重大课题。有学者认为构建新型城乡关系的关键是制度及体制机制的构建,通过建立完善制度体制实现从"以工促农"到"工农互促"的转变,并提出从村庄发展的角度来理解和构建新型城乡关系[②]。具体到实践层面,如何才能冲破这种城乡二元结构,实现城乡融合发展?时任浙江省委书记的习近平同志决心通过擘画"千万工程"来破解城乡二元结构。

---

① 本书编写组.干在实处 勇立潮头:习近平浙江足迹[M].杭州:浙江人民出版社;北京:人民出版社,2022.

② 高强,薛洲.以县域城乡融合发展引领乡村振兴:战略举措和路径选择[J].经济纵横,2022,(12):17-24.

（三）实践逻辑：发展不协调的浙江之痛

1. 浙江农村自身发展不协调

一是农村经济社会发展不协调。有学者认为我国农村发展贯穿三种理念，即物本主义、人本主义和生态主义①。在改革开放后的中国农村，物本主义在很长一段时期占据主导地位，人们过度追求经济利益而忽视了生态主义。21世纪初的浙江，同样处于物本主义的主导之下，为了追求经济利益，各地不惜以牺牲环境为代价。农村乡镇企业迅猛发展，"村村点火、户户冒烟"，但随之而来的是农村环境"脏、乱、差、散"，生态问题十分突出，农村"有新房、无新村，垃圾靠风刮、污水靠蒸发"的现象普遍存在。人们白天拼命赚钱，晚上在垃圾堆里数钱，病了在医院里花钱。经济利益的满足并没有给村民带来持续的幸福感和获得感。二是不同农村之间环境面貌差异大。21世纪初，浙江少数村庄能够把经济发展与环境整治兼顾，村庄的环境面貌较好。浙江全省有3.4万个村，这种环境面貌较好的村只有4000个，其余30000个村环境较差。时任浙江省委书记的习近平同志在调研中发出这样的感慨："刚才看的村子不错，但哪个县市没有几个好乡村？这是不是浙江绝大多数乡村的面貌？"在密集调研中，习近平同志始终强调经济建设要与生态环境建设协调，提出浙江先天的生态优势不能丢，反复提醒"农村环境整治非抓不可，要走出一条浙江自己的路子""建设生态省，打造'绿色浙江'，农村是重点，是难点，也是主战场"。这成为习近平同志擘画"千万工程"的重要实践动因。

2. 浙江城乡之间发展不协调

与全国一样，21世纪初的浙江，在城乡二元结构的影响下，城乡在某些公共资源配置上存在城优乡劣、城高乡低、城乡二元的问题，特别是城乡在劳动力、土地、资金等生产要素交换上很不平等。这导致城乡居民收入差距日益扩大，城乡居民收入比从2002年的2.37扩大为2003年的2.43，如任由其发展下去，势必会带来更大的城乡发展差距。在2003年1月召开的全省农

---

① 刘金海.中国式农村现代化道路探索——基于发展观三种理念的分析[J].中国农村经济，2023，(06):32-47.

村工作会议上,习近平明确指出:要全面建设小康社会,提前基本实现现代化,增加村民收入的任务最迫切,发展现代农业的任务最艰巨,改变农村面貌的任务最繁重。在2005年1月7日召开的全省农村工作会议上,习近平同志指出:随着市场经济的深入发展,宏观体制改革仍然滞后于微观体制改革,城乡改革不配套等问题日渐突出,城乡分割的二元结构和制度安排,特别是在户籍制度、劳动就业、社会保障、教育卫生等方面,严重制约着城乡一体化的推进,越来越成为影响"三农"发展的障碍,城乡差距呈扩大趋势,改革又到了一个新的攻坚阶段。这都彰显了习近平同志擘画"千万工程"破解城乡二元结构、推动"三农"发展的初衷。

第二节 X村的乡村治理困境

X村位于"枫桥经验"发源地的诸暨市山下湖镇东南面。该村于2006年由横埂、桥南两个自然村合并而成,村域面积为8 km²,有水田2000亩(约1.33 km²)、水塘1000亩(约0.67 km²),呈带状分布,长5.2 km,人口为2045人,有党员85人。

改革开放以来,我国乡村社会经历了历史上前所未有的变化。与经济发展相伴而生的是农村社会冲突日增、价值分歧加重、人际信用式微、行为预期不确定性增加、社会情绪的政治化凸显、乡村的有效治理面临各种难题,这也体现在X村的治理中。

一、日常生活治理难

一是邻里矛盾频发。这类矛盾主要由家长里短,宅基地边界、责任田边界不清引发。虽然乡村的"熟人社会"特征目前在我国大多数乡村仍在延续,但传统"熟人社会"里的礼治秩序和长老统治早就解体。村民之间因利益引发的矛盾和因面子滋生的争吵近年来在X村有增无减。尤其是随着宅基地价值的日益提升,邻里之间因宅基地被对方侵占而引发的矛盾越来越多。二是家庭矛盾频发,导致矛盾的原因主要是子女不孝顺。孝顺是中华民族的传统美德,但随着人们价值观念的转变,孝顺这一家庭美德似乎在 X 村越来越被年轻人淡忘。追根溯源,乡风文明的式微是主要原因。越来越多人认识到,村民生活水平的提高并不能必然带来乡风文明的进步。族规家法已然不再对不孝顺的年轻人具有约束力,如何把传统美德在新时代的年青一代传承下去,是乡村面临的一个现实难题。三是干群矛盾频发。在"单位人"变为"社会人"以后,传统意义上的农村干群关系已经发生重大变化。村民对村干部作风和服务意识的要求越来越高,村干部优亲厚友、村庄选举不公、村里事务不公开等都成为引发干群矛盾的原因。

二、公共事务治理难

改革开放之前,村民通过农村生产组织、群众组织与公共制度建立密切的联系,人们自然而然地会积极参与村庄的管理。改革开放以来,随着"单位制"的消失,个体和公共的制度化关联中断,制度对村民的约束力度越来越小;乡村社会多样性增加,个体意识膨胀,加速从"义务本位"向"权利本位"转变;社会加速流动形成"陌生人社会"特征,依靠亲缘、地缘关系维系社会协同治理的功能逐渐式微,村民对村庄的依赖度日益减弱,村民参与村庄公共事务的热情越来越低。对于参与村庄公共事务,村民都抱有一定程度的抵触情绪。对于垃圾分类,很多村民认为这是多此一举,无论村干部怎么发动,怎样讲垃圾分类的好处,村民都无动于衷。更严重的是,村民对村干部的信任程度大幅降低,无论村干部说什么、做什么,村民都要质疑。集体行动困境已经严重制约 X 村的公共事务治理。

三、信访频发治理难

在"单位人"社会里,村级组织是村民利益的代表,村民有事找村委是当时的正确选择,村民对村委也十分信任,相信村委能够为自己解决问题。改革开放以来,随着"单位人"到"社会人"的转变,村委与村民的联系越来越松散,村委也难以为村民争取利益。也就是说,社会变成了公共的,利益协调机制的公共性却没有跟上。在这种情况下,村民遇到问题不能解决的时候,便会走出村庄,制造信访这样的有影响的事件,以引起上级的注意,来解决自己的利益问题。很长一段时间内,X村村民上访事件频发,仅2017年,全村就发生到京上访事件36起。虽然村干部为了围追堵截上访村民,忙得不可开交,却收效甚微。在上级政府"谈信访色变"的情况下,X村如此高的上访率不仅使其受到镇政府批评,而且对村庄发展造成消极影响,导致上级的优惠政策很少会给X村。于是,越缺少上级政策扶持,村庄发展越迟缓,进而形成恶性循环的态势。

四、经济薄弱治理难

村级善治是建立在村集体经济健康有序发展基础上的。村里许多事情的解决都需要资金,如村庄环境的整治需要资金、村庄道路的硬化需要资金、村庄规划的设计需要资金,总之方方面面都需要资金。对当时村集体经济困难的X村而言,无钱办事是最大的困难,而且这会形成一种恶性循环:越没钱办事,村集体经济就越发展不起来;村集体经济越发展不起来,村里群众对村两委的不满情绪就越大,认为村里没有钱是因为村两委干部"没本事",倘若干部有能力,就一定能够让村子摆脱窘境富起来。于是,群众对村干部的意见越来越大。

2018年,X村完成了村两委换届,陈M成为新任村书记。新官上任三把火,再加上陈M本身就关心村庄公共事务,希望带领X村走出困境并把X村打造成以现代化的治理方式来运行的村庄,因此,经与村两委班子成员商议,陈M做的第一件事,就是找到阻碍村庄发展的症结。经过调查和思考,他发现,村里之所以矛盾频发,村民之所以不断信访,主要是缺少信任,村民与村民、村民与村干部、村干部与村干部互不信任。由于互相猜忌,村庄在治理过程中也满足不了各方的需求,解决不了大家面临的问题,导致村民只能通过不断信访来达成目的。但是,信访不仅使乡村治理面临的问题越积越多,而且加剧了村庄内部各群体之间的不信任,形成恶性循环。因此,村书记陈M与村两委决心以解决信任问题为切口,动员村民积极参与乡村治理,并从促进村民利益实现和建立乡村治理制度保障两个方面入手,逐渐冲破阻碍,带领村庄走出治理困境,形成参与式治理的局面。

第三节　X村村民参与乡村治理机制的构建

一、干群信任的建立：村庄组织与制度建设

在管理村庄事务与推动村庄发展的过程中，村书记陈M和村两委班子经过分析，认为村民对村干部缺乏信任是导致信访事件频发的一个重要原因，也是制约村民参与乡村振兴积极性、主动性的重要原因。这种不信任有三个原因。一是村干部作风散漫，纪律意识不强。村干部作为村庄的精英分子，遵规守纪是最起码的要求，但X村的部分村干部把自己视为普通村民，开会迟到，遇到利益争着上，碰到困难绕着走，村民看在眼里，记在心里，久而久之，对村干部的敬意全无。二是部分村干部不是想方设法为群众排忧解难、争取利益，而是凡事睁一只眼闭一只眼，喜欢做老好人，对村民诉求无动于衷，对群众利益漠不关心。长此以往，群众也越来越不把村干部当回事，与村干部发生争吵是常有的事。三是村委缺少制约村干部的制度抓手，有人开会经常迟到，甚至直接不来开会，村委也拿他们没有办法，因为根本没有相应的制度来处罚他们。村书记陈M决定从加强干部队伍建设入手，通过打造一支勤政为民的村干部队伍，改变村干部在群众心目中的形象，进而改善村干部与村民的紧张关系。于是，X村通过加强党建引领，逐步建立较为完善的管干部、强党建制度体系。就组织建设而言，X村两委致力于打造一支清廉务实的干部队伍，以严于律己、服务于民来重新获得村民的信任。就制度建设而言，X村设立了党员主题党日活动制度、"三会一课"制度及村干部坐班制度，并制定X村干部"新五条"和村干部"十防十忌"（见图5-1）。

"新五条"即"守住底线，对党忠诚；不忘宗旨，带好队伍；发扬民主，秉公办事；先锋表率，服务群众；依法治村，干出成绩"。"十防十忌"则对村干部的具体行为做出规定，如"十防十忌"第4条要求村干部要防"生活不自律，工作不卖力"，要忌"不遵守规章制度、酒驾、赌博、说大话、放卫星、瞎表态、形式主义、个人作风不检点、吃拿卡要"。在党员、村民代表大会上，举行公开签订承

诺书的仪式,村两委班子成员集体上台宣誓,承诺做到"十防十忌",履职尽责,成为一名称职的好干部,如果违背相关承诺,自愿接受相应纪律处分,以此来使村干部行为规范化,同时也便于村民监督。对于这些规章制度,村两委班子带头执行,以上率下效果明显。曾经有一位村干部因开会迟到,便被村书记当场点名批评,并书面承诺下次绝不会发生类似事情。还有一次一位村干部在村级工程招投标中优亲厚友,被村民举报,村委按照相关制度要求,给予其严格纪律处分,并将情况通报全村,因发现及时,未造成重大损失。严格的制度,坚定的执行,说一不二的作风,村民们看在眼里,喜在心里,久而久之,村干部在村民中的形象有了很大好转。有村民说:"火车跑得快,全靠车头带。村干部严于律己,让我们老百姓看到了希望,对村子的未来我们大家伙充满了信心。"由于村干部做到了廉洁自律,村民对村干部的信任度逐渐得到提升,干群关系也慢慢得到改善。尝到完善制度甜头的 X 村,又根据乡村治理需要,制定、完善了一系列乡村治理制度。

村干部"十防十忌"

1. 党组织保垒作用不强,党建引领作用难发挥(班子成员不团结,干事创业难齐心,要尊重历史,实事求是)。

2. 理论学习不深,政策理解不够(不能及时跟牢上级政策的方向、趋势,导致发展思路不清晰,村庄发展缺乏方向性和针对性)。

3. 盲目投资,照搬照抄(产业振兴不结合自身村庄产业实际,盲目超额投资;村庄建设不结合自身的人文特色,照搬照抄,不伦不类)。

4. 生活不自律,工作不卖力(不遵守规章制度、酒驾、赌博、说大话、放卫星、瞎表态、形式主义、个人作风不检点、吃拿卡要)。

5. 没有担当作为的精神,缺乏干出变化的决心(把村庄发展的包袱甩给政府,把村庄落后的责任推给村民,自己不担当、不作为)。

6. 不谋全局,不谋长远(缺乏规划意识,不思考村庄发展前景,让村民失去信心)。

7. 喜欢做老好人,不肯做红面人(当面一套,背后一套)。

8. 三资政策不明确,档案管理混乱,集体资产不明、不查、不统计(经济、矿产、地产、林权、田地湖、库存、物资、财务)。

9. 小事不想管,大事不敢管(上级分配的工作推诿,矛盾调处不及时,群众上访,影响村庄和谐发展)。

10. 群众观念淡薄,服务意识欠缺(喜欢当老爷,高高在上,对村民实际需求不上心)。

图 5-1 村干部"十防十忌"

二、利益互惠的达成:提升经济发展与公共服务水平

在组织建设与制度建设稳步推进的基础上,X村两委开始投入下一项重要的事业中,即带领村民致富,让村民在共建与共治中共享村庄发展的成果。在促进村庄集体经济发展与村民增收方面的措施有以下几项。

1. 建立有效的村民利益联结机制

改革开放以来,创新完善农户利益联结机制问题一直受到党中央、国务院和各级地方政府的重视。20世纪70年代末80年代初,家庭联产承包责任制在农村迅速推广,在很大程度上得益于其有效激发了农户利益联结机制的创新,调动了农户的生产经营积极性。1982年中央一号文件,即改革开放以来的第一个中央一号文件,提出"联产承包制的运用,可以恰当地协调集体利益与个人利益,并使集体统一经营和劳动者自主经营两个积极性同时得到发挥",要求农村供销社改革"把供销社的经营活动同农民的经济利益联系起来"。2005年中央一号文件提出,"鼓励龙头企业以多种利益联结方式,带动基地和农户发展"。2018年中央一号文件强调,"统筹兼顾培育新型农业经营主体和扶持小农户,采取有针对性的措施,把小农生产引入现代农业发展轨道"。这些都与创新完善农户利益联结机制密切相关。国务院办公厅《关于推进农村一二三产业融合发展的指导意见》(国办发〔2015〕93号)进一步要求,"以市场需求为导向,以完善利益联结机制为核心……着力构建农业与二三产业交叉融合的现代产业体系……促进农业增效、村民增收和农村繁荣"。在一些地方的乡村振兴过程中,之所以会出现"干部干、村民看"的现象,主要原因就在于这些村庄的乡村振兴没有与村民建立充分的利益联结机制。在有的村,除了土地流转费外,村民根本无法从乡村振兴中获得其他收益。因此,在谋划乡村发展时,必须构建完善村集体与村民之间充分的利益联结机制,让村民切实从乡村振兴中实现自身利益的最大化。

X村通过土地流转、"订单收购+分红"、"运营公司+村集体+农户"等形式,建立与村民的"股份联结、服务联结、劳务联结、租赁联结",打造乡村振兴的利益共同体,努力增加村民的经营性收入和财产性收入。

X村的土地流转经历三个阶段。

第一阶段是政府、资本方和村民共建"田上X村"。2014年,在当地政府的支持引导下,X村按照"依法、自愿、有偿"的原则,在全市率先破题"集中力量办大事",积极引导农户开展土地流转工作,使2000余亩(1.33余平方千米)零散的良田产生集聚效应,合力建成2400亩(1.6 km²)高标准农田。农田集中起来以后,村里以招标的方式将农田承包给种粮大户。土地流转所得的收益,全部返还村民。在政府、种粮大户(资本方)和村民的共同参与下,X村完成了迈向共同富裕的第一步。之后,X村在政府的政策鼓励下,对闲置农房进行激活,为村庄发展注入新的业态。2018年以来,X村共激活村集体租赁闲置农房6间,涉及3户村民。通过整体规划设计,在村集体和资本方的共同投资下,X村将这些闲置房建成了乡村记忆馆、共享食堂、爱心角、赫呗啤酒屋等设施,进一步增加了村民和村集体的收入。第二阶段是政府、资本方和村民共建美好生态、改善居住环境、提升生活质量。首先,在当地政府的支持下,X村对村民住宅建设用地从空间规划、用地指标、申请审批、违建拆除等方面做出明确规定,加强对农村宅基地的管控,严肃查处违规乱纪行为。同时,X村引进无人机航拍和3D建模等最新科学技术对村中私自加盖违建情况进行精准管控,实现了村庄规划的精细化和智能化。其次,从2014年开始,在"两山理念"的指引下,在政府提出的"五水共治"政策的引领下,村干部带头,发动村民改接污水管网、提升饮水管网、治理小水塘、建生态沟渠等。与此同时,X村制定"生态为先、绿色为要、有机为王"的生态保护原则,要求所有村民和种粮大户使用绿色化肥、习惯绿色耕种、生产绿色产品。经过全体村民的共同努力,X村的生态环境出现质的改变,村庄整洁,水清岸美。在生态共建的过程中,村民的生态环保意识有了很大提升,所有人的生活都以环保为出发点,以前随地乱扔、乱倒垃圾的现象再也没有了。第三阶段是挖掘文化资源,共建文化产业和乡村旅游业。为了大幅提升村民和村集体的收入,X村组织全体村民与当地政府一起,联合种粮大户等资本方,挖掘本地传统文化,每年举办柯鱼节、花果节、黄酒节、麻糍节、年货节,推出亲子采摘夏令营、插秧体验日、田间彩虹跑、田园音乐趴、田野童子军等活动,发挥节会效应,吸引八方游客,每年收入达150万元。

2. 引入市场机制大力发展乡村经济

乡村要振兴，产业是基础。X村借力浙江省自上而下推动的"千万工程"，通过引入市场机制发展乡村产业、引导村民致富，大幅度增进村民利益。

一是大力发展种养殖业，打造村庄特色IP。X村创建千亩珍珠基地、千亩农业基地，使X村珍珠、鳖、鸭、香米等一批特色农产品品牌越叫越响，使珍珠养殖风生水起。20世纪90年代，村里有位村民从外面学来淡水珍珠养殖技术，开始试水淡水珍珠养殖，后来村里陆续有村民加入珍珠养殖行业，但这时并未形成规模。新一届村两委班子上任后，通过制定"股份众筹"等一系列利益联结制度，充分调动村民合力养殖珍珠的积极性，越来越多的村民参与珍珠养殖，并逐步拓展到养殖、生产、销售等各个业务领域。通过干部和群众三年半的努力，三分之一的村民从事珍珠培育、养殖、加工、销售和网上直播等工作，三分之一的村民驻外办企业和经商，三分之一的村民从事工匠业、在企业上班、从事种养殖、务农、做小工。而今，X村在华东国际珠宝城经营珍珠的村民有274人，珠宝年销售额超过40亿元，占整个华东国际珠宝城年销售额的1/8。X村的村庄面貌发生了蝶变，村民素质明显提高，村风明显转变，村民的获得感和满意度大大提高，村级经济发展后劲十足，社会知名度迅速提升，村庄的信任度和美誉度与日俱增。二是引进专业团队发展乡村旅游业。通过引进专业的运营团队，对X村研学游和景区游进行专业打造，X村每年实现旅游收入40万元，年游客数量3万人次左右。2021年，X村实现集体收入224万元，村民人均收入6.2万元。村庄面貌大大改观，村民素质较大提升，村风好了，干群关系改善了，村民关系密切了，大家的获得感和满意度提升了。三是通过项目对弱势群体进行帮扶。村庄弱势群体是村民群体的重要组成部分，每一位弱势群体背后都是一个家庭，弱势群体的就业直接关系到所在家庭的幸福。X村以项目建设为契机，为村里老弱病残群体提供就业帮扶的机会，如开设残疾人理发店、盲人按摩院等。仅2021年，X村就为弱势群体增加务工收入80多万元，大大提升了弱势群体的村庄自豪感和荣誉感。

在村庄公共基础设施建设方面，X村通过口头征集、微信等新媒体征集、意见箱征集、村民议事会征集等多种形式，广泛听取村民意见、建议，制定村庄发展规划,完善村庄公共设施,让村民对村庄未来有盼头。X村通过国家现代农业产业园示范区基地路网改造项目等工程建设,完成一条"最美微型马拉松赛道"建设。赛道总长4.8 km,根据沿途风景的差异,共分三个区块,分别是湖畔风光区块、田园风光区块、路网沿线配套区块。经过改造提升后,万亩稻田、万亩蚌塘的自然风光更加凸显,有助于形成休闲旅游产业优势,为发展农家乐、民宿经济,盘活集体经济,增加集体收入打下基础。X村先后进行了五星达标、3A精品、先行村、未来村的创建,建设了文化礼堂、一百超市、X村学堂、X村食堂、五星级旅游厕所、邮政快递站、丰收驿站、博爱家园、省级绿色田园、微型马拉松跑道等基础设施,改造了百米宣传长廊、灯光球场等一批实用性项目。尤其值得一提的是,为满足村民对公共服务便利化的需求,X村在镇党委的统一领导下,开设了村便民服务中心,借助智能化的设备,使村民足不出户就可以办理身份证、户口本、社保、医保等事项。原本要跑到镇里、市里办的事情,现在在家门口就能办理,还有一些事情在手机上就能办好。对于那些一时办不好的事情,村里还专门安排了代办员,专职为村民办理。村民笑称:"这就叫'干部跑断腿,老百姓不跑'。"村民的获得感和幸福感大大提升。X村先后被评为省3A级旅游村庄、省文明村、省法治村、省善治村、省精品特色村、省水美乡村、省百优村。在村庄发展中获得了实实在在的利益并享受到了良好的公共服务的同时,村民对村干部的信任程度也进一步提升,参与村庄事务的积极性更高了。

三、协商治理的运行:民主议事与信息公开

进入21世纪以后,基于个人自由平等的现代观念取代了过去基于身份、血缘和财产占有关系的传统观念,村民越来越独立,对民主权利越来越重视,对村庄事务表现出较强的参与欲望。村民要有效参与村庄事务,需要有一定的参与制度和参与平台。村级治理事务和村民需求有两个基本特性:一是在数量上规模不大,分布较为零星、分散,具有偶发性、个别性、细小琐碎的特点,规律性不强,很难进行分类治理;二是在性质上嵌入村庄"熟人社会",主要涉及村民与村民、村民与集体的关系,具有复杂性、多样性、政治性的特点。这决定了村级治理在资源调配上,需要通过民主制度安排和外界少量资源输

入,激发村民参与治理的主体性、主动性和积极性,形成村级治理的内生资源。在化解信访积案、完善制度机制的基础上,X村积极为村民参与村级事项决策和监督创设条件。

一是针对村级一般事项建立村民代表议事会制度。X村在村委会大楼前面开辟出一个专门的党建议事小广场,并依托小广场建立了村民代表议事会制度。凡是村民关注度较高的村级一般事项,都可以拿到小广场定期或不定期举办的村民代表议事会来议一议。这个村民代表议事会并非从一开始就受到村民欢迎。创立伊始,绝大多数村民都充满怀疑,认为这就是"聋子的耳朵,中看不中用"。为赢得村民信任,村委会制定了一系列参与规则。村里每10户人家选出一名代表,形成村民议事会,会议根据事情的多少和紧急程度不定期举行,议题从村庄微信群里进行选择,并进行微信投票,将那些大家最为关心的议题拿到小广场的村民代表议事会来议一议。如果经过村民代表会议商议后仍然没有定论,就择日由村民代表会议再次进行讨论,并确定新的解决方案,一次讨论不行就讨论多次,只要有三分之二以上的代表同意就算通过。村里《议事规则》规定,方案一经通过,便具有最强约束力,任何人都无权擅自做出改变。确定好的解决方案通过微信群向全村村民公布,实施过程由村委会派专人在微信群里进行定期公布,接受村民全程监督。村民代表会议最初吵吵闹闹,还不乏谩骂和诋毁。因此,村里《议事规则》对村民代表的行为做出规定,凡是在会上言语不干净,辱骂他人,经村书记连续警告两次仍我行我素的,取消代表资格并在微信群向全村公布。这一对事不对人的规则,很快便得到遵守,会场秩序一下子好了很多。村民议事小广场越来越成为全村人喜爱的场所,互动氛围活跃、友好,互动结果公正不偏,村民的不满和牢骚在这里都能够得到表达,需求也能在这里得到满足。

二是针对村级重大事项建立"三上三下三公开"民主治村制度。为办好村里的重大事项,让群众参与进来,使群众有发言权和表决权,能够知晓、评判决策结果并全程监督整个办事流程,X村创设了"三上三下三公开"的民主治村制度。"三上三下":"一上一下"收集议题,即村两委会从群众中收集议题,通过上门下访征求意见;"二上二下"酝酿方案,即通过召开民主恳谈会,对方案进行深入讨论;"三上三下"审议决策,即将方案提交党员会议审议,经村民代表会议表决通过后组织实施。"三公开",即在"三上三下"开展的同时,做到表决结果当场公开、实施方案及时公开、实施进度和满意度测评情况及时公开。土地流转等村里的重要事务都要经过"三上三下三公开"的民主程序,达成一致意见后方能最终实施。

"三上三下三公开"民主治村制度为村民深度参与乡村治理提供了有效平台。随着村民参与实践的不断增多,"三上三下三公开"民主治村制度不断迭代升级,已经演化为村级事务分类办理制度,即创设重大事务、日常事务、突发情况"三事分议"基层民主议事协商机制。一是重大事务"三三议"。针对村集体经济发展、村庄建设规划等八类村级重大事项,X村探索形成村民广泛参与、代表票决立项、合力监督助推的"三三议"工作机制,依托党员大会、村民代表大会等载体,"三上三下"充分讨论、征求意见,做到表决结果、实施方案、测评情况"三公开"。二是日常事务"四事议"。针对涉及人数、程序较少的日常事务,X村创新制定"定期问事、开放议事、规范办事、民主评事"的"四事工作法",每月定期召开村两委委员和网格员联席会议,会商解决村民反映的问题,确保将矛盾风险解决于萌芽、化解在基层。三是突发情况"即时议"。针对自然灾害、事故灾难、公共卫生事件等突发情况,村两委向属地镇(街)党委备案后,立即组织村监委会成员、在村党员、村民代表商议并及时公开结果。

四、合作网络的构建:日常互动与乡风建设

在日常互动方面,传统农村作为"差序格局"中建立起来的"熟人社会",邻里之间你来我往、互帮互助,因此有"远亲不如近邻"之说。改革开放以来,随着经济社会的发展,乡村"熟人社会"日益解体,村民一起工作、生活、学习的机会越来越少,彼此之间的感情越来越淡。社会变迁与流动的影响、"新乡人"群体的加入,进一步加剧了村民的陌生程度。村庄内外力量的互动互惠是社区认同生成的延展条件,村民的实质互动不足使村民的社区认同感减弱[1]。X村通过建立"5+X"社会组织,为村民参与乡村治理提供了平台,也

---

[1] 刘义强,姜盛辉.利益与认同:村民政治参与的边界及转换——基于佛山市4个村庄村级治理的实证调查[J].华中师范大学学报(人文社会科学版),2019,58(06):53-59.

为村民的交流互动提供了机会。"5＋X",即按照诸暨市关于建立社会组织的"5＋X"标准化体系建设相关规定,组织成立的"红枫义警协会、乡风文明理事会、乡贤参事议事会、580志愿服务会、邻里纠纷调解会"五个社会组织。红枫义警协会主要帮助派出所维持社会秩序,进行反诈、防骗宣传等;乡风文明理事会主要在移风易俗方面引导村民树立良好的风尚和习俗;乡贤参事议事会主要引导乡贤参与村庄发展;580志愿服务会主要从事一些力所能及的志愿服务活动;邻里纠纷调解会主要对村民之间的矛盾进行调解。另外,X村根据村情组建了"枫桥大妈互助联合会、平安行志愿者联盟、关爱退役军人协会、清廉建设顾问团"等若干个社会组织。社会组织的建立,让村民有了归属感,使村民参与乡村治理的热情被充分调动起来。例如疫情期间,X村借助社会组织的力量,组织大多数村民参与志愿服务活动,维持疫情期间的社会秩序。这在没有组建社会组织之前是难以完成的任务。

  乡村公共空间是村民日常生活、思想交流、社会交往的重要场所,具有促进生活和谐、传承乡土文化、整合社会关系等多元价值。乡村公共空间是乡村社会的重要组成部分,是广大村民可以自由出入、进行各种社会交往和思想交流的公共场所的总称,具有提供公共产品和服务、促进社会交往、培育社会资本、增进社会关系等多重功能。社会学对乡村公共空间的定义包含两个方面:一是指村民开展活动、交流思想的公共场所,如广场、戏台等;二是指社区内普遍存在的一些制度化的组织与活动形式,如文艺表演①。随着城市化的快速推进,乡村公共空间呈现快速萎缩态势。在新时代背景下,要全面推进乡村振兴,就必须对乡村公共空间进行重构。X村通过修建村民休闲娱乐基础设施(如文化礼堂、文化长廊、X学堂、灯光球场等)、举办丰富多彩的村庄娱乐活动(如丰收节、乡村春晚等),为村民的互动交流提供了广阔的公共空间。

  在一年一度乡村春晚举办之前,为了办好节目,承担节目表演任务的村民走村串巷听取意见、建议,促膝长谈,出谋划策。一个个精彩节目呈现的背后,凝聚着大家的辛劳,也折射着村民团结一心、共赴美好的追求。此外,逢年过节,村两委都会派人慰问村里的"新乡人",了解他们的生产、生活情况,

---

① 罗荩,许泽港,陈羣.基于CiteSpace的国内乡村公共空间研究综述[J].南方建筑,2022,(02):11-21.

为他们排忧解难，创设平台鼓励他们积极参与村民互动。此外，X村还根据所在地县级政府的统一要求，建立村级爱心基金和爱心食堂。X村关心关爱互助基金协会成立于2017年9月，成立的目的是致力于帮助和关爱本村的孤寡老人、困难人群等一些需要关心、关爱的人群，将"大爱化为大美"，用"真情传递真爱"。X村通过采取"党员干部带头捐、乡贤企业爱心捐、村民群众互助捐、移风易俗公益捐"等方式做大村级爱心基金"蓄水池"，组织对"四重一好"（重大疾病、重要对象、重要项目、重要节日和好人好事）等情形的慰问奖励，确保德治教化有充足的源头活水。自基金会成立至2020年4月，已收到累计捐款76000元，已向困难群众、患病人员、孤寡老人发放25000元。防疫物资使用，折算金额4000元。X村还根据诸暨市的统一要求，采取"五个一点"（个人出一点、基金捐一点、政府补一点、志愿帮一点、经营筹一点）的筹资模式，建设好村级爱心食堂，解决村里六十岁以上老年人的吃饭难题，并创新推出爱心食堂"干部陪送餐"制度，借助爱心食堂平台收集民情民需，及时发现、解决苗头性问题，增进干群交流，补齐治理短板。随着爱心食堂越来越受到群众欢迎，其功能也不断拓展，村里的老年人可以在这里打麻将、下棋、健身，还可以在这里参加村里统一组织的体检、心理咨询等。

在乡风文明建设方面，X村依托"信誉银行"对村民实施积分管理。"信誉银行"不是金融机构，村民存在"信誉银行"里的也不是钱，而是一份沉甸甸的对村庄的责任感和荣誉感。目前，该项工作已推出五项"储蓄"业务，包括党建引领、村庄发展、文明实践、规矩规范、村级事务等，内容涵盖产业引领、移风易俗、庭院建设、垃圾分类、志愿服务等内容。村民用"事"来存，每月公示红榜、黑榜，村里定期兑现一定的物质或精神奖励。村民只需要输入手机号，就能查到自家的信誉积分和奖扣分明细，还能用积分兑换相应的奖品。各项参数公开透明，让大家心服口服。"信誉银行"激发了村民的自治活力，为良好村风民风的塑造打下坚实基础。村书记陈M说："农村人爱面子。加减分要有充分的理由，而且要经过集体决策，不是谁想怎样就怎样。""信誉银行"的信誉积分制得到村民的广泛认可。当地金融机构也把村民信誉积分情况与贷款额度挂钩，使信誉积分的含金量得到极大提升。村民看到了好处，得到了实惠，争相赚取信誉积分。95%的受访村民对"信誉银行"制度持认可态度，觉得该制度净化了风气，约束和规范了村民行为，塑造了良好的村庄形象;90%的受访者表示现在作为一名 X 村人,很荣耀、很有面子、很幸福。正如村民王某所言:"我们村环境好、民风好,什么都好,生活在这里很幸福。村里有什么事我们也愿意参与。"如今,越来越多外出务工人员回到 X 村,通过珍珠养殖和直播发家致富。X 村通过兴办"X 学堂"、打造"小镇巧妇"、开办移风易俗"家宴厅"等,提升村民的村庄荣誉感和生活幸福感。X 村通过完善村规民约,为移风易俗打下坚实基础。之前村里红白喜事大家互相攀比,给村民带来沉重负担。完善村规民约后,攀比之风刹住了,大大减轻了村民的负担。《X 村红白理事会工作规章》规定:村民实行自我管理、自我约束、自我教育、自我服务。帮忙小工由小工负责人结合实际情况进行邀请。喜事酒席每桌不超过 800 元,白事酒席每桌不超过 600 元,瓶装酒、饮料每桌不超过 100 元,高度数酒尽量配自己的土烧。燃放鞭炮等要文明,必须定点燃放,燃放后立即派人回收,切实维护溪北古村落形象……X 村自 2018 年 7 月开展移风易俗工作以来,成立红白理事会,宣传"婚事新办、丧事简办"文明新风尚,到 2020 年 4 月,全村共办红事 15 场、白事 18 场,移风易俗节约费用约 57 万元。在移风易俗的过程中,X 村重视抓好党员"关键群体",组织全体党员签订移风易俗承诺书,让他们带头遵守移风易俗的各项规定。2018 年 7 月,X 村组织党员干部签订移风易俗倡议书,带领村民形成新风尚。

第四节　X 村村民参与乡村治理实践的成效

随着村民参与积极性的提升与乡村治理绩效的提高,近年来,X 村先后荣获浙江省文明村、浙江省法治村、浙江省善治村、浙江省 3A 级旅游村庄、浙江省森林村、绍兴市五好基层党组织、绍兴市五星 3A 精品示范村、诸暨市孝德村、诸暨市三治融合示范村、诸暨市零上访村等荣誉。2022 年初,X 村被确定为首批省级未来乡村试点村,于 2022 年底通过省级验收。

接下来,本书将在社会资本理论的视角下分析 X 村在实践参与式治理之后获得的成效。首先,从社会信任的重建角度看,在早期,X 村村民与村干部之间缺少信任,村民对村干部的不满情绪弥漫,干群关系紧张,信访数量居高不下。通过建立完善党建统领制度、实施"三上三下三公开"民主治村制度、重构和拓展乡村公共空间等,村干部与村民的互信机制建立起来,村民心齐了、气顺了,参与乡村治理的积极性、主动性也水涨船高。其次,从利益互惠的角度看,在早期,X村村民在村里没事干,只能外出务工,对村庄感情淡化,对村庄发展持漠不关心的态度。通过制定发展规划,发展淡水养殖珍珠、养鸭、特色农产品种植等乡村特色产业,村民尝到了甜头,得到了好处。在不断地实现利益的过程中,村民参与乡村振兴的积极性、主动性得以不断激发,越来越多的村民参与乡村振兴行动。2017年,X村有外出务工人员几百人,2021年减少到几十人,并呈持续递减趋势。最后,从社会关系的互动看,在早期,X村村民各忙各的,人情往来越来越少,邻里关系越来越淡,对村庄的荣誉感、依赖感都日益丧失。X村通过以下措施为村庄发展、团结奔富打下良好基础:组建各种各样的社会组织,为村民参与公益活动提供平台;设立"信誉银行",让村民在相互比拼中重拾荣誉感;制定村规民约,刹住大操大办红白喜事歪风;举办丰收节、乡村春晚、抲鱼节等活动,让村民彼此信任、频繁互动。

第六章　社会资本视角下村民参与乡村治理的路径探析

第一节　总体目标：打造乡村"共治共同体"

关于村民参与乡村治理的机制构建，不同的治理任务的侧重点也不相同，但一个总的目标是打造村庄"共治共同体"。"共治共同体"，是在治理共同体概念上的进一步细化和深化，强调"人人有责、人人尽责、人人享有"的治理格局中治理价值观、治理结构、治理行动取向的连接与共通。现代村庄构成的复杂性和治理需求的多元性决定了乡村治理是无法通过单方力量解决的，无论是村委还是社会组织，都因其功能和所掌握资源的局限性而无法完成乡村治理任务，只有在明晰各自职责任务的基础上，通过治理机制聚合多方主体的力量和优势，才能提升乡村治理的整体质效[1]，并最终建成村庄"共治共同体"。

一、强化"共治共同体"的治理共识

这个共识是建立在相互尊重、平等互利的基础上的，它强调的是共同参与、共同建设、共同治理的理念。在这个过程中，我们需要深化人们对"共治

---

[1] 张贵群.社会治理共同体：理论内涵、时代价值与建设路径[J].重庆理工大学学报（社会科学），2021,35(03):124-132.

共同体"的理解,明确共同意识是其核心。这意味着我们要让每个人都认识到,他们所做的贡献对于整个村庄的发展和进步至关重要。通过加强宣传和教育,让村民们了解"共治共同体"的理念和重要性,提高他们的参与度和归属感。同时,基层党组织也应该积极倾听村民的声音,了解他们的需求和期望,以更好地满足他们的需求。

随着"单位制"的瓦解,人们在社会结构上经历了重大的变革,但在精神层面上,他们对村庄的认同感和参与度仍然不足,这是导致乡村治理困难的主要原因之一。这种情况主要表现为过度依赖政府的管理,以及在治理过程中利益驱动式的参与,这可能导致乡村治理的低效或流于形式。首先,我们要引导村民认识到参与乡村治理不仅是他们的权利,也是他们应尽的义务。村民与村庄存在着密切的利害关系,只有当村庄得到良好发展,村民才能享受到幸福的生活。公共生活是每个村民生活中不可或缺的一部分,只有通过参与村庄的发展大局,村民的个人价值才能更好地实现。其次,我们需要为村民的公共生活提供充分的公共空间。为了避免村民成为与其他村民隔离的原子化居民,我们必须不断拓展乡村的公共空间,通过丰富的实践载体和活跃的空间氛围充分激发村民的主体性和积极性,增强他们的认同感和归属感。最后,我们还应充分发挥村级党员的引领作用,将群众凝聚起来,增进彼此之间的沟通与了解,化解矛盾,增进团结,进而引导他们更好地参与乡村治理。

二、明确"共治共同体"的治理结构

党的十八届三中全会提出了推进国家治理体系和治理能力现代化的任务。从管理到治理,虽然只有一字之差,但所体现的却是系统治理、综合治理、源头治理和依法治理。这种治理方式的转变,不仅需要理念的更新,更需要治理结构的及时转换。为了实现这种治理方式,必须将原来的以纵向为主的管理发展为以横向网状为主的治理,充分发挥基层党组织的领导和动员作用,将多元治理主体连接起来,形成共治网络,让资源、信息、服务充分流动,进而充分发挥各类主体在乡村治理中的积极作用。在这个过程中,基层党组织的作用至关重要。作为领导和动员的主体,基层党组织必须发挥其核心作用,使各种资源、信息和服务充分流动起来,形成一种多元主体参与的治理模式。这种治理模式强调以横向网状为主的治理结构,通过多元主体的共同参与,实现资源的共享、信息的交流和服务的互动。同时,这种治理方式也需要依法治理。多元主体在参与治理的过程中,必须遵循法律法规的规定,保障各方的合法权益。依法治理,可以规范各方的行为,确保治理过程的公正性和合法性。

这其中的关键是如何建设一个坚强有力、充满活力的基层党组织。基层党组织是党的基层组织的重要组成部分,是党的全部工作和战斗力的基础。加强基层党组织建设,有利于提高党组织的凝聚力和战斗力,有效地保证多元参与,充分发扬民主,调动各方的积极性。同时,它也能够避免无序参与导致的治理失灵,确保党的领导地位和各项决策得到有效贯彻。在政府权力难以直接控制的方面,基层党组织能够发挥重要作用,整合社会各方面力量和资源,保证乡村治理有序。基层党组织还担负着领导基层社会治理的任务,是打造"共治共同体"的核心所在。在基层社会治理中,党组织要发挥领导核心作用,协调各方利益关系,化解矛盾纠纷,推动基层社会和谐稳定发展。同时,基层党组织还要积极引导群众参与社会治理,提高群众的自治意识和能力,推动基层社会治理体系不断完善。

正是因为有基层党组织的坚强领导,基层社会治理系统才能够实现从点到线再到面的全面拓展。这里的"点"指的是关乎群众切身利益的矛盾和问题,这些问题往往直接影响群众的生活质量和幸福感。"线"是指不同的治理主体或政府条线,这些组织和部门在基层社会治理中扮演着不同的角色,承担着各自的责任。通过基层党组织的领导,基层社会治理系统得以实现从点到线的拓展。对于群众反映强烈的突出问题,基层党组织能够及时发现并采取有效措施加以解决。同时,基层党组织还能够引导和组织不同的治理主体共同参与社会治理,形成协同作战的工作格局,各司其职、各负其责,相互配合、相互协调,共同推动基层社会治理工作。

浙江省诸暨市依托基层党组织,打造"纵四横三"的组织体系。"纵四"即街道党工委、社区党组织、小区党支部、楼道党小组的组织体系,"横三"即横向融合小区党支部、小区业委会和物业服务企业。依托这一组织体系,在处理小区矛盾的过程中,基层党组织就能够协同各方力量,运用协同治理理念,通过建立联席会议、组织现场调解等,及时化解小区的矛盾,进而建立不同治理主体间的沟通与协作机制并进一步由线到面,将不同的治理服务和功能集合成共治场景,形成社区治理共同体。但在打造治理共同体的过程中,基层党组织必须加强对权力运行的监督和约束,同时建立党员管理的制度规范,避免出现权力寻租影响彼此的信任。

三、完善"共治共同体"的治理机制

这个机制应该包括完善的法律法规、明确的权责关系、公开透明的决策过程以及有效的监督机制。为了完善"共治共同体"的治理机制,我们要先建立一套完善的法律法规体系。这些法律法规应该明确共同体的性质、权责关系、运作规则等重要事项,为共同体的健康运行提供有力的法律保障。同时,我们需要制定一些具有可操作性的政策法规,确保每个成员都能够明确自己的责任和义务并在实践中有效执行。除了法律法规的完善,我们还需要明确共同体的权责关系,包括共同体的管理机构、成员的权利和义务、决策程序等。只有明确了这些权责关系,才能够让每个成员都清楚自己的角色和职责,更好地参与共同体的治理。此外,公开透明的决策过程也是完善治理机制的重要方面。共同体应该及时向所有成员公开决策的制定和执行情况,让每个成员都能够了解共同体的运作状态,并对决策提出自己的意见和建议。这样不仅可以增强成员的参与感和归属感,还可以提高决策的科学性和民主性。有效的监督机制也是必不可少的。共同体应该建立健全的监督机制,对决策的制定和执行情况进行监督和评估,防止权力滥用和不当行为的发生。同时,共同体还应该接受社会各界的监督,加强自身的透明度和公信力建设,赢得成员和社会公众的信任和支持。

四、提升"共治共同体"的治理能力

为了提升"共治共同体"的治理能力,需要注重四个方面的能力提升。首先,我们要提高解决问题的能力。在"共治共同体"的治理过程中,难免会遇到各种各样的问题和风险。如何有效地解决问题、应对风险是至关重要的。

为了解决这些问题和应对风险,需要采取一系列措施。这意味着在遇到问题时,要能够迅速做出正确的决策,找到解决问题的最佳途径。其次,创新能力也是提升治理能力的重要方面。创新可以不断探索新的治理模式和方法,提高治理效率和质量。再次,我们要增强应对风险的能力,在面对风险时,要能够及时做出正确的判断和决策,有效地规避风险。最后,我们要注重公共参与和合作精神的培养,通过加强公共参与和合作精神的培养,增强公众对治理过程的信任和支持,提高治理效果。

五、优化"共治共同体"的治理环境

"共治共同体"的治理环境涵盖政治、经济、社会以及文化等多个方面。在政治环境方面,"共治共同体"需要一个稳定、公正、透明的政治环境,以确保各成员能够平等参与并发挥积极作用。在经济环境方面,"共治共同体"需要一个繁荣、可持续发展的经济环境,以促进成员之间的经济合作和互利共赢。在社会环境方面,"共治共同体"需要一个和谐、包容、公正的社会环境,以增强成员之间的社会凝聚力和归属感。在文化环境方面,"共治共同体"需要一个多元、开放、包容的文化环境,以促进成员之间的文化交流和理解。

良好的治理环境可以为"共治共同体"的治理提供强有力的支持和保障。政治稳定可以为"共治共同体"的治理提供基础保障,使各成员能够在一个稳定的环境中开展合作;经济发展可以为"共治共同体"的治理提供物质基础和动力支持,促进各成员之间的经济合作和互利共赢;社会和谐可以为"共治共同体"的治理提供稳定的社会基础和良好的社会氛围,使各成员能够在一个和谐的社会环境中共同发展;文化繁荣可以为"共治共同体"的治理提供文化支持和认同感,促进各成员之间的文化交流和理解。

综上所述,"共治共同体"是一种创新的治理模式和方法,它强调的是共同参与、共同建设、共同治理的理念。为了实现有效的治理,我们需要深化人们对"共治共同体"的理解,完善治理机制,提升治理能力并优化治理环境。只有这样才能够实现乡村的和谐共生和可持续发展。

第二节　社会资本视角下村民参与乡村治理的现实路径

一、以党建引领促村民参与

农村基层党组织在乡村治理中扮演着至关重要的角色,是引领乡村治理现代化的核心力量。在整个乡村治理格局中,农村基层党组织处于中心地位,发挥着组织群众、动员群众和凝聚群众的重要作用。《乡村振兴战略规划(2018—2022年)》明确指出,必须毫不动摇地坚持和加强党对农村工作的领导,确保党在农村工作中始终总揽全局、协调各方。这意味着,只有通过强化党建引领,才能推动乡村治理现代化进程,实现乡村振兴战略目标。为了更好地促进村民参与乡村治理,必须采取一系列措施加强农村基层党组织建设。首先,要强化示范带动作用,通过树立先进典型和推广成功经验,引导村民积极参与乡村治理。其次,要发挥组织动员作用,通过开展各种形式的宣传教育活动,提高村民对乡村治理的认识和参与度。最后,要在发展引领中发挥作用,通过引导村民参与乡村产业发展和基础设施建设等活动,激发他们的积极性和创造力。农村基层党组织在乡村治理现代化进程中的领导地位和作用不容忽视。只有通过加强党建引领,不断提升村民参与乡村治理的积极性和主动性,才能实现乡村全面振兴,让广大村民共享现代化建设的成果。

（一）党建引领对村民参与的重要意义

1. 党建引领为村民参与定向引航

一项调查显示,超过半数的被访村民认为实现乡风文明主要依靠村干部的引导,超过七成的被访村民认为乡村治理的有效性主要依赖村两委的领导。这些数据充分表明,村民虽然是乡村治理的主体,但这种主体作用的发挥需要基层组织的正确引领。如果缺乏基层组织的正确引领,村民可能会成为"不在村者、在村而不参与者或参与而未能充分发挥主体作用者"①。因此,村民既是乡村治理的主体,又依赖基层组织的正确引领。当前,尤其要以习近平新时代中国特色社会主义思想为指引,引导村民正确参与乡村治理。村级党组织通过思想宣传和价值引领,让习近平新时代中国特色社会主义思想深入人心,从而引导村民牢固树立社会主义核心价值观,自觉与不良思想斗争。同时,村级党组织不断提升村民的法治意识、权责观念和参与能力,引导村民有序参与村级事务的民主管理、民主决策、民主监督。这些举措有助于推动乡村治理的现代化,进而实现乡村全面振兴的目标。

2. 党建引领为村民参与定标制规

村民参与是有序参与,这种有序体现为纪律意识和规范意识。我国基层民主选举的实践表明,如果没有正确引导,良好的民主可能会变成"滥民主",村民可能会成为无序参与的最终受害者。例如,在一些地方的村级民主选举中,贿选成为一种普遍现象,当选者只会为自己谋取利益,对村民的利益不管不顾。之所以会出现这种现象,制度不健全、监督缺乏力度是根本原因。因此,在村民参与乡村治理的过程中,基层党组织必须发挥好定标制规的作用,以健全的制度和严格的规矩,确保村民参与行走在正确的轨道上。为了实现这一目标,基层党组织需要发挥引领作用,引导村民树立正确的参与意识和规范意识。同时,基层党组织需要制定明确的制度和规矩,以确保村民参与乡村治理的过程有序、规范和具有可操作性。这些制度和规矩应该包括如何参与选举、如何监督等方面的具体规定。此外,基层党组织还需要加强对村民的教育和培训,提高他们的素质和能力,使他们能够更好地参与乡村治理;加强对选举和决策过程的监督和管理,防止出现贿选和不公正的现象。

3. 党建引领为村民参与树模立范

问卷调查结果显示,高达82.9%的村民认为乡村振兴策略的实施需要以村两委为引领,带头落实政策,公平公正地处理各项事务。村民寄希望于村两委干部发挥模范带头作用,源于村民自治制度对村干部的内在要求。村民选举出的村干部代表着他们的利益和期望,因此,他们自然期待自己选出的

---

① 刘娟,王惠.谁是乡村振兴的主体?[J].中国农业大学学报(社会科学版),2023,40(02):147-161.

村干部能够做到清廉、务实、公道、正派、实干。这些品质不仅是村民对村干部的期望,也是乡村振兴必需的。村干部需要在日常生活中的方方面面成为村民的榜样和表率,需要在处理村级事务时公正无私、清正廉洁,不辜负村民在选举时给予的信任。

此外,村干部还需要在日常工作中不断放大这种信任。他们需要积极与村民沟通交流,了解他们的需求和期望,并以此为依据制定出切实可行的政策和计划。只有这样,村民才会更加信任和支持村干部,才会更加积极地参与乡村振兴。因此,党建引领村民参与的一项重要内容就是要发挥村干部的模范带头作用,以实际行动赢得村民的信任和支持,为全体村民树立良好的榜样。

(二)党建引领村民参与的具体路径

1. 以自身建设强化示范带动

推动村民参与乡村治理,需要不断加强基层党组织建设,提升基层党组织的组织力和引领力,进而强化村民对基层党组织的信任和支持。因为在治理视野中,官民都是治理的主体,他们的关系必然也是平等的。从社会资本的视角来看,各平等的治理主体的互信共识和良性互动,是治理取得成效的先决条件[①]。

(1)严把入口建队伍。村民对农村基层党组织是否信任,取决于党员队伍的整体素质和形象。因此,必须从入党开始就高标准严要求,切实把真心实意想为村民干事情的人吸收到党员队伍中。首先,要严格执行《中国共产党发展党员工作细则》关于"控制总量、优化结构、提高质量、发挥作用"的总要求,严把党员入口关,坚持德才并重,以德为先,充分听取包括普通村民在内的各方的意见、建议,切实把品行好、口碑优、能力强的人选拔到党员队伍中。其次,优化党员来源,拓展党员发展渠道,注重从大学生村官、返乡创业大学生、新型农业经营主体、退伍军人、村民企业家、农村社会组织负责人等群体中发现培养对象,经过严格的组织程序吸纳他们入党,不断提升基层党组织的整体素质,优化队伍人员结构。最后,注重在村级重大任务和项目一

---

① 童星.中国社会治理[M].北京:中国人民大学出版社,2018:320.

线培养和发展党员,把那些想群众所想、急群众所急、关键时刻豁得出、紧急时刻会办事的人纳入党员队伍,并朝着村级后备干部的方向加大培养力度。

(2)完善制度强管理。村民对村干部的形象一直保持着高度的关注,这种关注往往与村干部在公共事务中的表现和形象密切相关。一个正能量的村干部形象能够增强村民对公共事务的信任度和参与度,反之则可能引发村民的不满和质疑。村干部形象的好坏在很大程度上与有没有一套完善的党员干部管理制度密切相关。

首先,为了塑造良好的村干部形象,需要加强对党员的教育管理。要从"三会一课"这样的基础会议抓起,严格会议纪律,确保每个党员都能够遵守规定,参与其中。制定明确的制度,用制度来管理人,用纪律来约束人,确保每个党员都能够以高标准来严格要求自己,以严纪律来规范自己的行为。

在学习内容上,需要强化党规党纪和党的理论方针政策的教育,引导党员深入学习党的创新思想、党的纪律和党的各项方针政策,当前和今后很长一段时间里,尤其要加强对习近平新时代中国特色社会主义思想的学习,做到真学、真懂、真信、真用,不断提高自身的政治觉悟和理论素养。这样不仅能够帮助党员和村干部端正思想、树立形象,还能够提升村民对党员和村干部的信任度和满意度。

> 我经常跟党员们强调,作为党员,就应该在各个方面都发挥带头作用。如果你做的事情连普通群众都不如,那你就干脆"钻个地洞躲起来"吧。作为一名党员,你不仅要遵守党的纪律,还要在各个方面都起到表率作用。只有这样,才能更好地发挥党员的模范带头作用,推动各项工作的顺利开展。
>
> 从2011年开始,我们在对党员干部的教育方面除了面对面的开会,还积极寻找网络上的教育资源并在村广场的大屏幕上播放,推出之后很受欢迎。通过这种方式,我们不仅可以让更多党员享受优质的教育资源,还可以提高党员的思想认识和业务能力,为推动村里的发展提供有力的支持。
>
> 另外,在党建工作中,培养党员队伍的凝聚力是非常重要的。例如,对于村里的外出党员或大学生党员,我们支部会与他们签订协议,要求

他们在外出时办理流动外出证,每年七月一号和年底的两次会议必须到场。如果确实有特殊情况不能到场,需要书面请假并提交思想汇报。这样的做法对外出党员也有一定的约束力。通过这种方式,我们可以更好地管理和监督外出党员,确保他们不偏离党的路线、方针、政策,同时增强了党员之间的联系和感情。

  对于在家党员,我们每年至少召开八次会议。召开这些会议主要是为了传达党的政策、学习党的文件、研究村里的发展计划等。通过这些会议,我们可以及时了解党员的思想动态和工作情况,及时发现和解决问题。这些会议也可以加强党员之间的交流和沟通,增强他们的责任感和使命感。(Y村党支部书记)

其次,为了确保党员队伍的先进性和纯洁性,制定、完善党员管理制度是至关重要的。这一制度应当包含严格的规定和措施,对违纪违法党员予以惩戒,将情况严重的违纪违法党员清除出党员队伍,以维护党组织在村民中的形象和威信。

在执行这一制度的过程中,必须做到有令必行、有禁必止,让制度发挥出真正的作用。这意味着对于违反制度的党员,无论其背景如何,都应当依据制度规定予以严肃处理,以维护纪律和制度的严肃性和权威性。同时,对于严格遵守制度的党员,应当给予适当的表彰和奖励,以树立正面榜样,鼓励其他党员积极遵守规定,发挥党员的模范带头作用。

这些举措可以有效地提高党员的纪律性和自我约束意识,防止违纪违法行为的发生,也可以增强党员队伍的凝聚力和战斗力,推动村庄各项事业不断向前发展。

最后,为了确保村庄的和谐稳定和长治久安,必须着重强调党员队伍的团结。团结是党员队伍的核心价值观之一,紧密团结、相互支持的党员队伍才能更好地为村庄服务、为村民谋福利。无论面对大小事务,团结都应被置于首位。这支党员队伍应该是村民可以依靠和信任的力量,应该让村民感受到他们的真诚和奉献精神。

党员应该紧密合作,互相支持,尤其是在处理村庄重大事务时。他们应以身作则,展现出团结一致、顾全大局的精神风貌。这样一来,村民就会更加信任和支持村级党组织,村庄的和谐稳定也会得到更好的保障。

此外,在紧密团结的基础上,党员应积极参与村庄的各项建设和发展,为村民谋福利、解难题。只有这样,村庄才能真正繁荣昌盛,村民的生活才会越来越好。

> 从乡村治理的角度来看,我非常重视村干部的团结。如果村干部不能齐心协力,那么受到影响的往往是那些老百姓。一旦村里的干部忙于内部争斗,他们就很难有足够的精力去关注村庄的发展和建设。因此,两委班子必须保持团结,这是至关重要的。
>
> 在我们的会议桌上,我们说的每句话、做的每个决定,如果有成员不同意,可以保留各自的意见,但我们一定会遵循少数服从多数的原则,最终做出决策。因此,绝不能在会外对决策进行无根据的评论和指责。一旦我们在会议上做出决定,就只能有一种声音,因为如果村干部对决定产生两种不同的声音,那么群众也会听到两种不同的声音,这就会影响事情的顺利推进。组织纪律是乡村治理中不可或缺的一部分。它不仅要求村干部在会议上保持一致,还要求他们在会后严格遵守决定,对外界保持一致口径。只有这样,村庄的发展和建设才能有序进行,村民才能对村庄的未来充满信心和希望。因此,团结一致的村干部是乡村治理的关键之一。(Y村党支部书记)

(3)为民服务重实效,这是基层党组织的核心任务。在村庄的发展过程中,基层党组织必须引导所有党员始终保持务实的工作态度,真心实意为村民谋幸福,而不是一心一意为自己谋私利。只有这样,才能真正赢得村民的信任和支持。群众的眼睛是雪亮的,他们心里有一杆秤,能够准确地衡量基层党组织的作为。基层党组织如果能够立足村庄发展,着眼村民关切,解民忧、纾民困,就会得到村民的信任和支持。相反,基层党组织成员如果只关心自己的利益,不顾村民的福祉,就会失去村民的信任和尊重。因此,基层党组织成员必须牢记为民服务的宗旨,注重工作的实效性,为村民谋取实实在在的利益。

要想让乡村焕发勃勃生机,村民要先得到实实在在的利益。这就需要我们将精力和资源聚焦于发展产业。只有这样,村庄才能拥有坚实的产业基础,为集体带来更多收入。当集体收入增加时,我们就能更好地为村民提供帮助和支持。如果村庄的集体收入匮乏,村庄的日常运转就会面临困难,更别提让村民过上幸福美满的生活了。

以我们村为例,仅维持村庄正常运转的费用就近百万元,如果缺乏足够的收入,村干部在为村民谋福利时会感到心有余而力不足。如果村庄修路或建小亭子等基础设施需要借款,村民们自然不愿意承担额外的负担。

因此,我们应当以产业发展为基础,为村民办实事,帮助他们过上更好的生活。只有当产业发展起来,村民的收入才能增加,生活才能得到改善。在坚实的产业基础之上,乡村才能实现真正的繁荣和振兴。(Y村党支部书记)

2. 以组织引领促进村民参与

基层党组织在乡村振兴中发挥着"统揽全局、协调各方"的领导核心作用和提供"以人民为中心"的组织化服务作用,其对村民参与的引领作用主要体现在政治引领、机制引领和发展引领上。

(1)政治引领是根本。村民参与乡村治理是一种有序参与,这种有序参与的实现需要基层党组织的政治引领作为根本保证。政治引领是指基层党组织以高度的政治责任感和使命感,在乡村治理中发挥领导核心作用,通过指引正确的政治方向、实施正确的政治策略和政治措施,引导村民有序参与乡村治理,推动乡村社会的和谐稳定和可持续发展。

首先,基层党组织需要将党中央的最新理论、方针、政策准确无误地传达给村民,确保村民能够充分了解和把握国家的最新政策方向。在当前形势下,尤其需要深入宣传习近平新时代中国特色社会主义思想,打造一支具有一定理论水平、熟悉国家大政方针政策的新型村民参与主体。

为了实现这一目标,基层党组织需要发挥战斗堡垒作用,积极组织各种形式的宣传活动,如举办讲座、发放宣传资料、组织学习讨论等,让村民充分了解和掌握国家的最新方针、政策。同时，基层党组织需要注重提高村民的理论素养和政策水平，通过开展各种形式的培训活动，提高村民的综合素质和参与能力。此外，基层党组织还需要建立健全的信息传递机制，及时掌握村民的意见和建议，了解他们的需求和诉求。通过与村民的密切联系，基层党组织可以更好地宣传政策、解决问题，增强村民的获得感和幸福感。

其次，对于村民参与乡村治理的政治立场，基层党组织要进行正确引领。政治立场关乎为了谁、依靠谁的重要问题。在乡村治理中，村民的参与既是为了自身的利益，又是为了全体村民的福祉。正确处理好个人利益和集体利益的关系，是实现这一目标的关键所在。在实践中，基层党组织要对村民进行积极的引导，帮助他们认识到个人利益与集体利益的一致性，以及个人在集体中的重要性。同时，基层党组织要通过教育和宣传等途径，正确引导村民把集体利益放在首位，在遇到矛盾和问题时坚持以集体利益为重，防止出现一味追求个人利益而损害其他村民利益和集体利益的行为。基层党组织可以通过开展专题讲座、村民大会等形式，向村民普及相关法律法规和政策，帮助他们了解什么是集体利益和个人利益，以及如何正确维护自己的权益。同时，基层党组织还可以通过宣传栏、村广播、微信等渠道，宣传集体利益和个人利益相统一的重要性和好处，引导村民树立正确的价值观和道德观。

最后，对于村民参与乡村治理的政治方向，基层党组织要进行正确引领。政治方向是指跟随谁前进的问题。基层党组织要通过引领村民深入学习贯彻习近平新时代中国特色社会主义思想，切实增强村民的"四个意识"，坚决做到"两个维护"。这样，村民才能在思想上与党中央保持高度一致，在行动上紧跟党的步伐，听党话，感党恩，并自觉按照党组织的要求有序参与乡村治理。为了确保村民参与政治方向的正确性，基层党组织还要建立健全的监督机制，通过加强对村民参与政治方向的监督和管理，及时发现和纠正存在的问题，确保村民参与政治方向的正确性。

（2）机制引领是关键。自党的十八大以来，随着社会主要矛盾的转变，广大村民的民主意识、公平意识、维权意识不断增强。他们对自身知情权、表达权、参与权等基本权利的行使越来越重视，并表现出强烈的参与乡村治理的愿望。然而，如何确保村民参与权利的有效实现，建立完善相应的保障机制成为关键所在。本书研究的村民参与机制,是指基于国家关于村民自治的法律法规,各级党组织创设的一系列保障村民参与权的制度机制。一是程序性参与机制。程序性参与机制,就是根据法律法规设立的参与机制,如村民会议、村民代表会议,以及国家政策规定的集体股份合作社的股东代表大会、股东大会。这些法定的参与机制为村民参与乡村治理提供了重要平台。二是功能性参与机制。功能性参与机制,就是根据功能设置的一些机制,如联席会议、理事会议等村庄其他组织、社会组织的会议或者机制。功能性参与机制是专门为解决某些具体问题而设立的。三是表达性参与机制。基层组织可以为村民发声和表达诉求创设一些机制,这些机制为村民提供便利,可以有效预防村民非法上访或在网上过激表达自己的诉求。近年来,全国各地都涌现了一些保障村民参与权益的机制。2011年12月,浙江省委省政府联合出台了《浙江省村级组织工作规则(试行)》,率先在全国规定村级重大事项决策实施"五议两公开"。村里重大事项是指与村民切身利益相关的村级重大事务、村集体经济管理事项、重大村级民生事项等。"五议"即"党员群众议、村党组织提议、村务联席会议商议、党员大会审议、村民(代表)会议决议",是一步步推进的。"两公开"是指"表决结果公开、实施情况公开"。"五议两公开"机制的实施,有效保障了村民对村级重大事项的民主决策和民主监督[1]。浙江温岭早在1999年便创设出深受群众欢迎的基层民主实践制度——民主恳谈制,该制度被誉为"中国21世纪基层民主政治建设的新曙光"。这一制度发端于1999年温岭市松门镇采取干部群众平等对话形式的"农业与农村现代化教育论坛",于2000年开始统称"民主恳谈会",于2001年开始全面转型为一种基层民主制度。2008年,制度创设基本完成,基本格局已经确定,重大公共事务决策经过民主恳谈已经成为当地的一个"规定动作"和"前置条件"[2]。

(3)发展引领是重点。发展是第一要务,是村民的根本利益所在。乡村发展与村民参与是互促共进的关系,没有乡村的发展就没有村民的积极参与,村民的积极参与会进一步促进乡村发展。随着城镇化、信息化、智能化的

---

[1] 车俊.透过浙江看中国的社会治理[M].北京:外文出版社,2019:69.
[2] 王国勤,陶正玄.温岭民主恳谈的制度演进与理论发展[J].治理研究,2018,34(06):111-120.

不断演进,农村生产力有了极大提升,新时代乡村治理的经济基础、社会基础和文化基础都发生显著改变,但村民的个体分散性、生产无组织性和现代农业大生产的需求矛盾。因此,为了更好地满足村民日益增长的美好生活需求,必须发挥好基层党组织的引领作用,聚发展之力,谋发展之策,筑发展之基,求发展之实,让村民在村庄发展中不断增强获得感和幸福感。党的十九大报告指出,"发展必须是科学发展,必须坚定不移贯彻创新、协调、绿色、开放、共享的发展理念"①,这为农村基层党组织引领乡村振兴,实现"产业兴旺、生态宜居、乡风文明、治理有效、生活富裕"提供了思想指引。

第一,基层党组织要以创新发展理念为指引,为乡村发展注入动能。一是在产业的选择上,要坚持因地制宜,根据村庄的资源禀赋,大力发展乡村特色产业。当然,这里所说的资源禀赋并不一定是自然资源。Y村根据村里妇女老人比较多、干不了重体力活的特点,选择发展香菇产业并获得成功,这便是充分利用了村庄的人力资源禀赋;后来Y村发展电商产业,则是在县里大力支持发展电商产业,本村又恰巧出现了一位电商翘楚的情况下,借力打力,培育发展本村电商产业,进而成为远近闻名的淘宝村。总之,一个村的资源禀赋多种多样,善于运用本村资源禀赋实现错位发展,是农村基层党组织必须具备的发展能力。二是要重视对创新项目和人才的扶持。农村特色产业的发展创新,需要基层党组织在资金、人才、政策等方面给予大力支持。义乌市李祖村是一个常住人口只有700人左右的小村,却能够通过自身努力发展成为以创客闻名的网红村,其中一个重要原因便是该村基层党组织通过制定一系列优惠政策,如房租减免、创业资金扶持等,吸引了200多名创客来村里创业。

> 从20世纪90年代开始,我们村里就开会讨论应该选什么农产品。开会的时候,我心里有个主意,但我会先把这个话题抛出来给大家讨论。如果他们说的东西跟我想的差不多,那我就顺水推舟说听他们的。如果大家七嘴八舌,有的说要这样,有的说要那样,或者说不出来,我就说"大家的观点发表得差不多了,那我来提个方案,大家提提意见"。后来村委

---

① 党的二十大报告学习辅导百问[M].北京:党建读物出版社:学习出版社,2022:10.

开会之后选中了香菇。其实我心里也是这样想的,我们村的路很平,适合种香菇。我们还请了专家来检测气候和土质,化验结果认为是比较适合种植香菇的,自然条件和技术基础都比较好。另外,也没听到其他村种香菇,这样我们也可以有优势。其实最重要的是,香菇利润相对高一些,是村民致富的一个很好的选择,而且也不那么辛苦,特别是当时年轻人都出去打工了,在村里"留守"的主要是中老年妇女,就算是70多岁的老奶奶也能干。他们一般凌晨三点爬起来摘香菇,早上六点拿到集市上去卖,下午就可以休息。这个项目开始了不到半年时间,就有不少村民发展得很好,效益不错,不管怎么样都不会亏,到1995年就翻了好几番,村民们看到种香菇生意很好,这么赚钱,就不需要村委发动了,已经形成自动的效应,自己立马跟上去了。(Y村党支部书记)

第二,基层党组织要以协调发展理念为指引,为乡村发展夯实基础。

一要推动物质文明与精神文明协调发展,即要富口袋,也要富脑袋。党的二十大报告明确指出,"中国式现代化是物质文明和精神文明相协调的现代化。物质富足、精神富有是社会主义现代化的根本要求"①。乡村现代化是整个中国式现代化的基石,也是物质文明和精神文明协调发展的现代化。在物质富足方面,乡村现代化意味着提高农业生产效率,发展乡村产业,促进村民增收,缩小城乡差距,实现城乡融合发展;在精神富有方面,乡村现代化强调提升村民的文化素质、道德修养和乡村文明程度,弘扬中华优秀传统文化,让村民过上更加文明、健康、幸福的生活。基层党组织在推进乡村现代化的过程中,必须坚持协调发展理念。

一方面,要积极引导全体村民通过创业创新、辛勤劳动,实现收入稳定增长、生活富裕富足。这不仅是一种责任,也是一种使命。为了实现这个目标,需要采取切实有效的措施,激发村民的创造力和劳动热情。一要提供良好的创业环境,鼓励村民自主创业,包括提供创业资金、创业培训、市场信息等支持,以降低创业门槛,提高创业成功率。同时,还要积极引进优质项目和资源,为村民提供更多的发展机会。二要引导村民通过辛勤劳动实现收入稳定

---

① 党的二十大报告学习辅导百问[M].北京:党建读物出版社:学习出版社,2022:17.

增长。通过加强对村民的技能培训和职业规划,提高村民的就业能力和市场竞争力。同时,还要通过与企业合作,开拓更多就业岗位,为村民创造更多就业机会。三要实现全体村民的生活富裕富足,这需要不断加强农村基础设施建设,提高公共服务水平,改善村民的生活条件和质量。同时,还要鼓励村民通过自我提升和学习,提高自身素质和能力,为未来的发展打下更坚实的基础。

另一方面,要通过文化传承和移风易俗等手段,积极促进村民文化素质和道德修养的提升。在乡村文化建设方面,基层党组织应该注重传统文化的传承和发扬,让村民更好地了解和认同自己的文化根源。同时,还应该倡导文明新风,推动乡村风俗的改良和革新,引导村民树立正确的价值观和道德观。通过这一系列举措,村民在文化、道德素养得到提升的同时,形成一种积极向上的精神风貌,为乡村的持续健康发展注入源源不断的精神动力。

总之,要把发展物质文明"富口袋"与塑造精神文明"富脑袋"有机统一起来,以"富口袋"为"富脑袋"奠定坚实的物质基础,以"富脑袋"为"富口袋"提供强大的精神动力,推动二者携手并进共同发展。

> 老百姓的日子过好了,咱们村还得和谐啊。所以,产业发展起来了,物质基础有了,精神文明建设也得跟上,得让大家都和和气气的。为了这个,我们抓住两个群体不放松:一个是老人,一个是妇女同志。我们在村里弄了个老年人照料中心,给那些不能自理的老人送餐;能自己吃的,就让他们到中心来吃。今年开始,70岁以上的老人一餐收一块钱,90岁以上的免费,有些特殊、困难群众(如低保户),吃饭不要钱。村里每年过年还补贴1500~2000元,这样在咱们Y村,我们就能做到总书记说的"小康路上一个不能少"。妇女工作也很重要,我一直说"如果妇女工作做好了,这个村庄肯定就和谐了"。所以啊,她们有什么要求,我都尽量满足。比如村口的大屏幕,2009年做的时候花了16万元,还没补贴,就是为了让村里妇女跳广场舞才弄的。最开始我们给妇女同志1万块钱买音响,让她们开着音响在广场上跳舞,后来她们说有视频更好,我们又买了大屏幕装了起来。(Y村党支部书记)

二要推动集体经济与村民个私经济协调发展,即要个人富,也要集体富。农村基层组织在多措并举推动村民共富的过程中,既要让村民的腰包鼓起来,也要让集体的收入涨起来,没有集体经济的强,将很难有村民共同的富。首先,村集体经济的发展能够增加村民的财产性收入。财产性收入是居民收入的重要来源,对于农村居民也是如此①。有的村民通过出租自己家中的闲置住房获得财产性收入,有的村民通过入股方式参与村集体经济获得年终分红性收入,类似的财产性收入已经成为发达地区村民致富的重要渠道。研究表明,随着农村集体经济的发展壮大,集体经济组织成员能够获得的财产性收入也水涨船高。在村集体经济较为发达的浙江、江苏等地,农民越来越多通过财产性收入实现增收致富。其次,村集体经济通过完善基础设施、提升公共服务水平助推个私经济的发展,进而增加村民收入。村庄基础设施的完善、公共服务水平的提升,对于村民个人发展产业、增加收入具有重要的支撑作用。在一个村集体经济薄弱的乡村,基础设施无力改造,公共服务质量低下,村民要发展个私经济也会难上加难。最后,农村集体经济通过促进非农就业增加村民收入。农村集体经济的发展壮大可以促进一二三产业的融合发展,探索生产服务、旅游、物业等产业与集体经济融合发展的新业态,进而吸纳更多村民实现非农化就业,如浙江省通过"千万工程"助推村庄非农产业的发展,吸纳了大量村民参与村庄旅游产业的发展。基于以上原因,农村基层组织要把村集体经济的发展与村民个私经济的发展协调起来,在推动村民富裕的同时,也要大力发展集体经济,通过组建强村公司、引入运营公司、开展土地流转、实施"三产"融合等举措,把村庄集体经济做大做强。

在我看来,一个村和一家一样,家里没钱可不行,村里没钱也不行。要是县里或上面的领导布置了任务,没钱怎么办?再或者,老百姓有需要,没钱也办不成。所以,有钱能办事,没钱想办事也办不成。那么,村里要有钱得靠谁呢?集体要有钱,村干部就要有思路。有一个好的、负责任的带头人,才能在这个地方把工作做好。(Y村党支部书记)

---

① 孙雪峰,张凡.农村集体经济的富民效应研究——基于物质富裕和精神富裕的双重视角[J].南京农业大学学报(社会科学版),2022,22(06):183-194.

第三，基层党组织要以绿色发展理念为指引，为乡村发展增添绿能。一要引导村民牢固树立生态环保理念。党的十八大以来，"绿水青山就是金山银山"的"两山"理念深入人心。以习近平生态文明思想为指引，贯彻落实好"两山"理念，推动乡村绿色可持续发展，是农村基层党组织引领村民参与乡村治理的应有之义。农村基层党组织要加强绿色发展理念的宣传教育，引导村民自觉践行绿色发展理念。例如，在垃圾分类方面，农村基层党组织可以通过组织宣传教育活动，让村民了解垃圾分类的重要性，引导他们养成良好的垃圾分类习惯。农村基层党组织可以通过垃圾分类和资源回收减少对环境的污染，也可以将可回收的废弃物转化为资源，创造经济价值。此外，农村基层党组织还可以通过推广绿色农业技术、建设生态产业示范区等方式，引导村民积极参与绿色发展事业，共同推动农村生态文明建设。二要大力推进农村人居环境整治。在这方面，浙江省依托"千村示范、万村整治"工程开辟出一条农村人居环境整治的新路。自2003年启动"千村示范、万村整治"工程以来，浙江省委省政府带领全省干部群众一任接着一任干，一张蓝图绘到底，驰而不息、久久为功，推进乡村蝶变、城乡融合。全省新时代美丽乡村覆盖率达到90%，全省垃圾分类处理行政村覆盖率达到100%，累计创成A级景区村11531个，累计建成农村文化礼堂1.98万个，6万多名大学毕业生加入农创客队伍回乡创业。农村基层党组织在引导村民推进人居环境整治方面，要学习借鉴浙江"千万工程"的经验，始终本着科学、客观、以村民为中心的理念，采取积极有效的措施，持续推进厕所革命、垃圾治理和污水处理等环境整治工作。这些工作的开展，不仅有助于改善农村环境卫生状况，提高村民的生活质量，而且能激发村民对村庄的归属感和热爱之情，让他们更加关注和参与乡村治理。

第四，基层党组织要以开放发展理念为引领，为乡村发展汇聚合力。改革开放是我国的基本国策，无论城市还是乡村，都应当秉持开放发展的理念，积极融入开放发展的国家大局。一要引入"大村民"理念，以一视同仁的态度对待新村民。随着乡村振兴战略的持续推进，越来越多外地人加入村民队伍：他们前来租种土地，从事粮食种植或水产养殖；他们前来租住房屋，开设农家乐、民宿等；他们前来投资项目，助力乡村发展。农村基层党组织要引导"原乡人"正确看待"新乡人"和"归乡人"，让"乡里乡亲"理念融入不同村民的交往,平等相待、一视同仁,用真情感人,用温情留人。同时,农村基层党组织要通过制定秉持开放发展理念的村规民约等,为营造和谐发展环境夯实制度基础。二要打破地域限制,实现抱团发展。村庄的自然边界构成人们交往的空间基础①。但也正是因为自然边界的存在,乡村振兴的封闭化形成,你搞你的,我搞我的,彼此互不相干却暗中较劲。然而由于资源禀赋的限制,任何一个村庄都难以独立实现高质量的乡村振兴。有的村庄土地资源丰富,却劳动力匮乏;有的村庄自然资源禀赋较好,却缺少好的治理团队。如果能够实现不同资源禀赋村庄间的抱团发展,将会出现"1+1＞2"的效果,对彼此发展都有利。近年来浙江各地农村借助党建联建机制,打造乡村振兴联合体,取得明显成效,其经验值得借鉴。例如,浙江省淳安县下姜村借助自身先发优势,"跳出下姜、发展下姜",按照"示范带动、区域联动"的发展思路,主动与周边25个村抱团发展,组建以下姜村示范引领、辐射带动周边村庄联动发展的大下姜乡村振兴联合体党委和理事会,推行"以下姜村为核心,农林、乡村旅游、培训、文创'四大经济'为主导"的大下姜"一核四线"产业布局,走出一条共同富裕发展新路子。2019年6月,淳安县成立大下姜乡村振兴联合体。近年来,大下姜乡村振兴联合体以核心引领和抱团发展为导向,通过联建共富平台、联兴共富产业、联享共富生活的"三联"模式,带领大下姜25个村、2.5万名群众,走出了一条"先富帮后富、区域共同富"的乡村振兴之路。截至2021年10月,大下姜25个村集体经济总收入1988.2万元,同比增长27.5%,18个村提前完成"5030"消薄任务。其具体做法如下。

① 联建共富平台,推进区域一体化布局。

聚焦项目,整体联动。大下姜乡村振兴联合体下设培训、乡村旅游、农林、文创四个产业组,统筹推进联合体区域重大项目;设立联合体理事会及相应分会,形成政府、村社、群众和市场高效联动;编制完成《大下姜乡村振兴和共同富裕五年行动计划(2021—2025年)》,启动实施美丽升级、机制创新、民生改善、富民增收、品质提效、融合带动、党建引领等七大工程,计划在"十四五"期间投资17.97亿元。

聚焦资源,全面结对。大下姜乡村振兴联合体启动"我们一起富"行动,

---

① 贺雪峰.新乡土中国(修订版)[M].北京:北京大学出版社,2013:56.

通过支部联建、抱团发展、结对帮扶等举措,着力构建强村带弱村、先富带后富、区域融合带动的帮扶机制。杭州市委办公厅18个党支部结对枫树岭镇18个村级党组织,大下姜区域内的18个"强村"和9个驻镇单位结对9个相对"弱村",616名先富群众结对932户低收入农户,建立先富群体自愿帮扶困难群众数据库,实现年家庭人均收入1万元以下农户全面清零。

聚焦人才,借智借力。大下姜乡村振兴联合体注重发挥人才资源在共同富裕示范区建设中的重要作用,依托淳安县特别生态功能区高端智库,成立大下姜乡村振兴人才支援站,深化与浙江农林大学等高校合作,推动20位专家教授结对帮扶大下姜23家农业企业,先后开展"智汇乡村聚力振兴"校地合作活动10余次。

② 联兴共富产业,推进抱团规模化发展。

创新"入股联营"机制。镇属企业和大下姜所属25个行政村共同出资,组建大下姜振兴发展有限公司,聘请职业经理人负责区域内农产品整合开发、销售渠道建立、资源开发利用和品牌宣传推介等活动。到2021年10月,大下姜产品已入驻全县18个销售点位,预计全年将实现利润120万元以上,为村民持续增收提供稳固保障。

传承"源片布局"发展。大下姜乡村振兴联合体充分发挥淳安"同源一家"的区域传统和片区种植特色,形成具有鲜明区域特色的红色培训、乡村旅游、农林及文创四大特色产业带;创建下姜省级现代农业园区,培育红薯、茶叶、中药材等产业基地和全产业链条,省级林下经济示范园区项目基本完工。2021年1—9月,大下姜累计接待游客120万人次,完成培训8604人次,实现旅游收入8858万元。

打造"区域公用"品牌。大下姜乡村振兴联合体重视农特产品标准化生产,使白马地瓜干、中华蜂蜜、夏峰高粱酒等农特产品实现标准化生产。其中,白马地瓜干年产值超过2000万元。大下姜乡村振兴联合体重视品牌塑造,通过注册"千岛湖·大下姜"和"下姜村"全品类商标,推动品牌价值向经济效益加速转化。到2021年10月,山茶油、金丝皇菊等约30种当地特产已进入各地市场,随着"大下姜"品牌越来越响亮,每年将给下姜村及周边乡村2000多户村民带来至少增收20%的丰厚收益。

③ 联享共富生活,提升民生幸福化水平。

织密乡村便捷交通网。大下姜乡村振兴联合体统筹实施区域内重大交通项目建设,着力拓宽瓶颈路、打通断头路,推进区域交通网络一体化。乡道、村道形成内部微循环,凤林港绿道、公山尖登山步道既是村民休闲的好去处,也成为旅游创收新的增长点。"枫常线"公路通车,大下姜区域接轨高速时间由过去的1小时缩短至半小时,带动该县西南片区10万群众走上致富"快速路"。

构建乡村医疗服务网。大下姜乡村振兴联合体建立乡村卫生服务一体化管理机制,让乡镇卫生院医生定期到各村卫生室坐诊,在下姜村率先发展乡村远程医疗,推动实现浙一医院、淳安二院优质医疗资源下沉;开通"大下姜巡回医疗车",使优质医疗服务定期进村、重点困难人群服务到户。2021年1—10月,累计提供免费义诊、健康体检等服务7.12万人次,利用巡回医疗车下村为群众送医、送药、送健康500余次。

打造基层治理数字网。大下姜乡村振兴联合体积极探索数字技术在乡村治理中的应用,破解乡村治理区域广、交通不便、人手不足等难题;邀请多家科技公司为大下姜量身打造数字治理集成大脑,实现与杭州城市大脑数据共享。目前,下姜村布局了3个5G基站,安装了22个AI视频监控,成为全国首个5G全覆盖乡村,使老百姓切实享受到高速网络带来的便捷和效益。

第五,基层党组织要以共享发展理念为指引,为乡村发展凝聚民心。共享是村民参与乡村治理的出发点和最终目标。只有让每个家庭、每位村民都能共享乡村治理的成果,才能充分激发村民参与乡村治理的积极性和主动性。要实现共享发展,就必须建立完善共享发展机制。该机制主要由生态收益共享机制、产业收益共享机制、土地收益共享机制构成。一是建立生态收益共享机制。环境美丽宜居是乡村治理的重要目标之一。作为乡村治理的核心利益主体,村民理应共享村庄生态环境改善带来的好处和实惠。这是激发村民生态环保意识和提升村民投身生态环保积极性、主动性的重要保障。因此,要通过建章立制确保每位村民都能在村庄生态环境改善中得到实惠。二是建立产业收益共享机制。共享是乡村治理的最终价值指向。村民这一主体能否在乡村治理中发挥建设性的作用,取决于其利益嵌入村庄产业发展的程度。应通过建立"村民股份众筹""订单收购+分红""社会资本+村集体+农户"等利益联结机制,确保村民在乡村治理中共享收益。三是建立土地收益共享机制。此处的土地包括村民的承包地和宅基地。深化农村承包地和宅基地三权分置改革,建立完善村民承包地和宅基地流转机制,确保村民通过土地流转以租金或入股分红等形式获得相应收益,并建立完善村民土地收益与资本收益的良性互动机制。

二、以价值认同促村民参与

乡村治理共同体能否形成,对促进村民参与、推进乡村治理现代化至关重要。如果村民之间没有形成紧密的乡村治理共同体,乡村自治就缺乏基础。你让村民选村干部,他不愿意浪费这个时间;你让村民参与村庄事务,他却将大部分精力花在村庄之外。总之,村庄与他无关,他没有理由来关心村庄。人口流动、市场经济冲击、现代传媒渗透等,正造成越来越多乡村治理共同体的解体[①]。推进乡村治理现代化,需要打造紧密的乡村治理共同体,这种共同体由三种边界构成,即自然边界、社会边界和文化边界,目前自然边界和社会边界都不是影响乡村治理共同体状态的重要因素,文化边界的作用日益凸显。文化边界,即村民是否在心理上认可自己的村民身份,是否看重村庄生活的价值,是否面向村庄生活。在村庄现代化浪潮的冲击下,乡村治理共同体的文化边界正越来越模糊,更多人倾向于否认自己的村庄生活价值,正在为离开村庄、面向城市做着越来越多的努力。在这种现实背景下,如何让村民形成较为一致的村庄价值共识,通过打造价值共同体推进乡村治理共同体的形成,显得尤为重要。只有形成价值共识,才能产生共同认知和行为,形成乡村治理的强大合力。基于此,必须重塑乡村公共精神,提升村民道德素养和法治观念,为村民参与乡村治理提供坚实的价值支撑。

(一)重塑乡村公共精神

乡村公共精神包含的个体对集体利益的认同与维护、在集体行动时考虑全局的共同意识,以及对集体的情感归属,共同构成了对村庄共同体的价值

[①] 贺雪峰.新乡土中国(修订版)[M].北京:北京大学出版社,2013:58.

认同①。因此,要打造乡村治理共同体,就必须充分发挥乡村公共精神的支撑作用。然而一个不争的事实是,随着脱贫攻坚的全面完成,以及乡村振兴战略的不断推进,整体来看乡村公共精神有了一定程度的回归,但放眼全国农村我们会发现,由于年轻村民的离场和乡村振兴计划实施以来国家权力的强势回归,乡村公共精神面临一些新情况和新问题,具体表现为村民社会道德水准下降、乡村人际关系出现信任危机、农村公共文化空间萎缩、村庄公共事务的村民参与度下降及乡村认同感下降等②。这些情况的出现使乡村全面振兴目标的实现阻力重重。为了更好地推进乡村治理现代化,助力乡村全面振兴,我们要深度关注乡村公共精神的重塑问题。

1. 重塑乡村公共精神的必要性

首先,这是破解乡村治理困境的现实需要。20世纪80年代以来,随着现代性进村而来的是两波村民脱离农业的浪潮:一是改革开放初期乡村工业的发展,使村民成为"离土不离乡"的新生代村民;二是20世纪90年代以来,市场经济的浪潮席卷乡村,数以亿计的村民背井离乡外出务工创业,成为"离土又离乡"的村民。与现代性一起进村的是现代的个人主义观念,随之而来的还有人们价值观念的巨变。贺雪峰把村民价值分为三个层面,即本体性价值、社会性价值和基础性价值。本体性价值,是关于人的生命意义的思考,是关于如何面对死亡、如何将有限生命转换为无限意义的人生根本问题的应对,是超越性价值或终极的价值关怀;社会性价值,即个人在群体中的位置及所获评价,是关于个人在社会中该如何获取有意义的价值;基础性价值,是人作为生命体延续必需的生物学条件③。农村的现代化浪潮可能给村民的本体性价值带来严重冲击,进而使村民的社会性价值和基础性价值失去方向和底线。一个不在乎别人怎么看自己的村民,是不可能积极参与村庄公共事务的。村民乡村公共精神的缺失导致村民的政治认同感和集体认同感较低,直接削弱了乡村治理的群众基础,进而影响了乡村治理现代化的进程。乡村治理的主体是村民,要推进乡村治理现代化,实现乡村全面振兴,就必须发挥村

---

① 王慧斌,申欣如.农民公共精神培育与现代乡村治理研究[J].攀登,2019,38(06):64-67.
② 辛宁.中国乡村公共精神的缺失及建设[J].四川行政学院学报,2016,(04):100-104.
③ 贺雪峰.新乡土中国(修订版)[M].北京:北京大学出版社,2013:107.

民的主体性作用,激发村民参与乡村治理的积极性和主动性,积极培育村民的乡村公共精神,并在这一精神的作用下,将离散的村民重新组织和发动起来,通过平等协商和互助合作等,创新乡村治理现代化的实现方式。

其次,这是推进"三治融合"的现实需要。党的十九大报告要求在推进乡村振兴战略中加强农村基层基础工作,健全自治、法治、德治相结合的乡村治理体系。"三治融合"对于充分激发乡村发展活力、更好推进乡村治理现代化具有重要意义。作为一种基于公共利益形成的价值理念,乡村公共精神与自治、法治、德治的精神实质是一致的。其一,乡村公共精神体现乡村治理的自治性。自治,是乡村公共精神的重塑之本。乡村的自治,不仅是乡村事务的自我管理,更是村民的自我教育和自我提升。在自治的过程中,村民可以更好地了解和体验公共事务,从而培养出对乡村公共事务的责任感和参与感。这种自治的精神,正是乡村公共精神的核心。在不断参与村庄民主选举、民主决策、民主管理、民主监督的过程中,村民的主体意识被不断激发,公共精神被不断促发。没有村庄自治的发展,就不可能有乡村公共精神的孕育发展,乡村公共精神的孕育发展又会进一步推进乡村自治进程,二者相辅相成、相互促进。其二,乡村公共精神体现乡村治理的法治性。法治,是乡村公共精神的重塑之基。在乡村,法治不仅是法律条文的严格执行,更是对公平正义的坚守和维护。法治可以规范乡村社会秩序,保障村民的合法权益,从而营造出公平、公正、公开的公共空间。在这个空间中,村民可以更好地参与公共事务,从而培养出对乡村公共事务的信任感和责任感。村民在参与乡村治理的过程中,必须遵守国家的法律法规,并在国家法律法规的指引下,通过制定村规民约等形式处理村庄内部矛盾和纠纷。村民现代乡村公共精神的不断发展必然意味着其法治精神的激发和法治素养的提升,进而为乡村法治夯实基础。其三,乡村公共精神体现乡村治理的德治性。德治,是乡村公共精神的重塑之魂。在乡村,德治不仅是道德规范的约束,更是对善良风俗的传承和弘扬。德治可以提升村民的道德水平,促进乡村社会的和谐稳定,从而营造出友善、互助、和谐的公共氛围。在这种氛围中,村民可以更好地关爱他人、关心公共利益,从而培养出对乡村公共事务的道德感和使命感。现代乡村公共精神融合了优秀传统道德理念与社会主义核心价值观。在现代乡村公共精神润泽下的村民的行为必然会受到德治力量的制约和规范。所以,乡村公共精神的重塑对发挥德治力量推进乡村治理现代化具有重要推动作用。

因此,乡村公共精神的重塑过程也是自治、法治、德治"三治融合"的过程,重塑乡村公共精神是推进"三治融合"的现实需要。只有自治、法治、德治深度融合,才能推动乡村社会的和谐稳定和繁荣发展。在这个过程中,每位村民都是参与者、实践者、受益者。他们将共同塑造一个更加美好的乡村未来,一个充满活力、和谐稳定、富有文化底蕴和人文关怀的乡村未来。

最后,这是提升社会资本的现实需要。相关的大部分研究都承认,社会资本的存在可以使有利于发展的制度有效运转,能够减少人际关系障碍,降低社会规则的运行成本。研究者把社会存在的水平(社会信任与合作程度)作为前提(自变量)去解释制度运转的效力,认为制度规则需要与之相适应的社会资本环境[①]。乡村公共精神是以乡村公共性为基础,通过村民积极参与公共事务和培育公共组织与公共空间来追求公共利益的一种价值追求[②]。一方面,乡村公共精神的重塑过程需要村民之间进行频繁互动,互动的过程也是增进彼此之间的了解和信任的过程。现代乡村村民之间联系沟通的渠道和机会越来越少,要重塑乡村公共精神,就必然要引导村民积极参与公共事务,并通过培育公共组织和拓展公共空间为村民参与提供便利,这就为村民架起了沟通的桥梁。互动越多则了解越深,彼此之间的互信与合作程度也就越深,社会资本的水平也将得到提升。另一方面,乡村公共精神的重塑不仅会促进村民以利他和奉献的方式参与村庄的公共事务,还可以推动村庄社会关系的和谐。在团结互助、彼此互利、共担责任、共享发展的氛围中,村民会感受到强烈的归属感和责任感,从而激发他们对村庄的热爱和奉献精神。乡村公共精神的传承和弘扬,将有效消解村民之间可能存在的疏离感和不信任感,重新建立一种互信、互助、互惠的社会关系。这种关系的建立,将使乡村治理的内生动力越来越强。村民不再是被动接受管理的对象,而是转身成为乡村治理的参与者和乡村发展的推动者。随着村民对公共事务的积极参与,他们将更容易发现和抓住各种发展机会,推动村庄的经济发展和社会进步。这种发展,将反过来进一步促进乡村公共精神的传承和弘扬,形成一种

---

① 张静.互不信任的群体何能产生合作 对 XW 案例的事件史分析[J].社会,2020,40(05):91-111.
② 祝丽生.培育公共精神:化解乡村社会治理困境的内生路径[J].河南社会科学,2022,30(06):92-100.

良性的循环。

2. 重塑乡村公共精神的现实路径

（1）强化党建引领。党的十九大报告指出："党政军民学，东西南北中，党是领导一切的。"在乡村治理中，村级党组织要把乡村公共精神的重塑作为一项重要工作内容，统筹谋划，周密部署。一要坚持党员带头。农村党员是乡村治理最直接的参与者，是"主心骨"和"领头雁"[①]，也是乡村公共精神重塑的先锋队和示范者。作为群众里面的先进分子，他们的一言一行时刻影响着广大村民。因此，要抓住这个关键少数，以完善组织内外的"参与机制"为抓手，从党员参与党组织活动、党内民主、移风易俗、志愿服务出发[①]，加强对农村党员公共精神的培育。同时，建立党员与村民结对帮扶机制，帮助村民解决生活中遇到的困难和问题，在潜移默化中影响和改变村民对村集体的态度，重塑村民的乡村公共精神。二要强化价值支撑。我们要重塑的乡村公共精神，是与传统乡村公共精神有根本不同的价值旨归。农村党组织要把社会主义核心价值观的宣传和弘扬作为一项重要任务，以群众喜闻乐见的形式，让社会主义核心价值观在思想引领、品德塑造、风俗优化中发挥强有力的价值支撑作用。三要实施愿景引领。乡村公共精神式微的原因复杂，但乡村发展前景的制约是一个重要因素[②]。群众对乡村发展前景的信心，将极大影响乡村治理中乡村公共精神的重塑。如果群众对乡村发展前景充满信心，他们将更加积极地参与乡村治理，为乡村公共事务出谋划策，从而推动乡村公共精神的重塑。相反，如果群众对乡村发展前景缺乏信心，他们就会对乡村治理持消极态度，进而因缺乏参与乡村公共事务的热情而阻碍乡村公共精神的重塑。因此，应采取有效措施，增强群众对乡村发展前景的信心，以推动乡村公共精神的重塑。要抓住推进乡村治理现代化的契机，广泛听取村民的意见、建议，提出真正让群众满意的村庄发展愿景，激发村民爱村、留村、为村的乡村公共精神，进而达到凝聚民心、汇聚民力推动乡村治理现代化的目的；要深入田间地头，与村民面对面交流，了解他们的所思所想、所需所求，广泛收

---

① 付佳迪.乡村振兴视域下农村党员公共精神的培塑——基于湖北Z镇的实证分析[J].探索,2021,(06):126-136.

② 王慧斌,申欣如.农民公共精神培育与现代乡村治理研究[J].攀登,2019,38(06):64-67.

集村民对村庄发展的意见和建议;要重视村民在乡村治理中的主体地位,激发他们的乡村公共精神,使他们认识到自己是村庄发展的主人翁,从而形成齐心协力、共同推进乡村治理现代化的良好氛围;要在广泛听取村民意见的基础上,提出切实可行的村庄发展方案,让村民看到村庄未来发展的美好蓝图,增强他们对村庄发展的信心和期待;要注重发挥村民的智慧和力量,让他们参与村庄发展的具体实践,共同推动村庄的发展和进步。这一系列举措,不仅可以凝聚民心、汇聚民力,还可以让村民真正成为乡村治理现代化的主体力量,推动乡村治理工作迈上新的台阶。

(2)夯实制度保障。罗伯特·帕特南把公共精神视为一种社会资本,并指出制度绩效与公共精神相互支持和辅助。这启示我们在乡村公共精神的重塑过程中,要高度重视制度机制的制定和完善,而 X 村的乡村治理历程也证明了这一点。从最初因互信缺失导致大量信访问题到制定相关制度约束村干部行为、维护村民权益、营造互信氛围、信访问题消失,X 村村民的集体意识和责任意识逐渐增强,集体行动困境逐步得到解除。由此可见,通过制度保障来重塑乡村公共精神有以下几点。一要重视加强村干部监管制度建设。能否打造一支为民、务实、清廉的村干部队伍,直接关乎村民对村集体的凝聚力和向心力,自然也是重塑乡村公共精神的一个重要着力点。但因人的趋利性,单靠村干部的自我监督难以实现为民、务实、清廉的目的,必须通过加强村干部监管制度建设,把村干部的权力关进制度的笼子,置于村民监督的阳光之下。二要建立完善村民权益保护制度。贺雪峰认为,通过重建村民主体性实现乡村公共重塑,需要从改变资源输入方式和充分发挥村民自治的作用两个方面入手[①]。村民如何才能在村庄自治中发挥作用?这取决于村民对村集体有没有感情,对村庄公共事务是关心还是冷漠。是否有这种感情取决于村集体能否把群众权益保护好、落实好。村集体不仅要确保村民政治权利的落实,而且要把村民的民生权益保护好、发展好,想村民所想,急村民所急,时刻把村民冷暖放在心上。一方面,要确保村民的政治权利得到有效落实,村集体要采取一系列措施来保障村民的选举权、表达权、监督权等基本权利。另一方面,村集体还要把村民的民生权益保护好、发展好,积极推动教

---

① 贺雪峰.新乡土中国(修订版)[M].北京:北京大学出版社,2013:107.

育、医疗、社保等公共服务的普及,让村民享受到更好的福利待遇。为了更好地服务村民,村干部要时刻关注村民的需求和诉求,积极解决村民面临的问题和困难。只有这样,村民才能真正感受到村集体的关怀和关爱,从而增强村民对村集体的信任和支持。

(3)加强空间孕育。乡村公共空间是村民公共精神培育和成长的摇篮,它承载着村民的公共生活和互动,是乡村社会的重要基础。在传统的乡土社会中,宗祠、庙宇、集市、庙会,甚至打谷场和红白喜事等都是村民进行人际互动、讨论村庄事务、参与乡村治理的重要场所。这些场所不仅提供了村民交流互动的机会,也成为他们共同参与社会生活的重要平台。然而,改革开放以来,乡村社会的经济、社会和文化等方面都发生了巨大变化,这些变化也深刻地影响了村庄的风俗习惯和人际关系。传统的村庄公共空间逐渐萎缩,甚至在一些地方已经消失,这使村民们失去了许多进行公共生活和互动的机会。这种情况在很大程度上制约了乡村公共精神的培育和发展。

因此,结合农村经济社会发展实际,打造一批务实高效且让村民喜闻乐见的村庄公共空间已成为重塑乡村公共精神的紧急任务。

第一,要打造现实公共空间。结合乡村治理场景和邻里场景的打造,借助村文化礼堂和宗祠等既有设施,打造村民议事中心等场所,为村民参与乡村治理提供空间和平台。此外,村民们还可以在这里参加各种丰富多彩的文化活动,如传统艺术表演、手工艺制作、音乐舞蹈表演等,以传承和弘扬当地的文化。X村村民议事会从群众利益攸关的事情出发,汇聚民意,发挥民力,形成解决问题的强大势能,最终赢得群众信任,为乡村公共精神的重塑打下坚实基础。

第二,要打造虚拟公共空间。网络的普及和发展已经极大地改变了人们的生产和生活方式。对广大年轻村民而言,他们在乡村治理中基本处于"离场"状态,只有通过打造网上公共空间,才能使他们重新关注并参与乡村治理。网上公共空间是一个开放、自由、互动的平台,村民可以在这里交流信息、分享经验、讨论问题,从而重新建立与村庄的联系。这个平台不仅可以给村民提供更多信息和知识,还可以激发他们的参与热情和创造活力,让他们重新成为乡村治理的重要力量。因此,在乡村治理现代化的过程中,要把网上公共空间的打造作为乡村治理场景营造的重要内容,把虚拟和现实结合起来,通过QQ、微信等社交软件建立网上村庄议事平台,通过网上议事平台对村庄的重要事务进行意见征求,通过腾讯会议等形式即时听取不"在场"村民的意见、建议。只有让所有村民的主人翁意识都得以充分激发,乡村公共精神才能逐步得以重塑。

(4) 借助市场促发。辩证唯物主义明确指出,物质是第一性的,意识是第二性的。这意味着,物质的存在和属性决定了意识的产生和演变。进一步来说,社会意识层面的乡村公共精神的形成和发展也必然受到物质的决定性影响。更具体来说,乡村公共精神的产生和发展与村庄集体经济的发展有着不可分割的联系。村庄集体经济的发展,不仅为乡村公共精神提供了物质基础,而且为其提供了实践平台。以X村为例,随着村庄集体经济的不断壮大,村民的生活水平得到了显著提高,这使村民有更多时间和精力去关注公共事务,促进了乡村公共精神的培育和发展。村庄集体经济也提供了各种公共设施和服务,不仅满足了村民们的日常生活需求,而且进一步增强了村民们的公共意识,推动了乡村公共精神的孕育和发展。此外,随着村庄集体经济的壮大,村民的社会地位也得以提高,这激励他们更加关注公共事务,更为珍视乡村公共精神。同时,村庄集体经济的发展也促进了乡村社会的稳定和和谐,这为乡村公共精神的培育和发展提供了良好的社会环境。

如何才能发展壮大村集体经济呢？改革开放以来,村庄集体经济的发展在某种程度上遭到了削弱,导致村民能够从村集体获得的经济利益和政治利益逐渐减少。这种情况使村民对村集体的依赖程度逐渐降低,进而导致村民生发于村集体的公共精神逐渐淡化。加之大量年轻村民加入"农民工"队伍,"背井离乡"的经历更加剧了这种淡化。因此,在乡村治理中,要摆脱以往乡村振兴过程中一定程度存在的"干部在干、老百姓在看"的被动局面,就要把村庄集体经济的发展作为重中之重。为了实现这一目标,要系统谋划、科学规划,找准村集体经济发展的着力点,通过引入市场化机制建立全体村民"共建共享"的村集体经济发展模式。这种模式将使村集体经济的发展惠及包括"原乡人""新乡人""归乡人"和"离乡人"的全体村民。在经济上,村民将再度"依靠"村集体;在精神上,村民将再度"依赖"村集体。这将重塑乡村公共精神,汇聚乡村治理的强大合力。首先,要加强对村集体经济的支持力度。政府可以出台相关政策,提供资金支持和税收优惠,鼓励村庄发展村集体经济。其次,要引导村民参与村集体经济的发展。村集体可以通过开展宣传教育、提供技术培训和就业机会等方式,激发村民的积极性和创造力。再次,要建立科学的管理机制。村集体可以引入专业的经济管理人员和职业经理人,负责村集体经济的日常管理和运营。最后,要建立健全的监督机制,确保村集体经济的资金使用透明、合规。这些措施的实施,可以实现村庄集体经济的快速发展,有助于提高村民的收入水平和生活质量,增强乡村的吸引力和凝聚力,带动其他产业的发展,促进乡村经济的多元化和可持续发展。

(二)发挥村规民约效力

诸暨市枫源村村规

一、自律守法规

不损坏公共设施,不侵占集体财物,不拖欠集体款项,不染指人家果实。

二、自爱崇和睦

不虐待老人儿童,不伤害夫妻感情,不侮辱邻里村民,不拒绝守望相助。

三、自重爱家园

不乱丢乱倒垃圾,不乱搭乱建乱葬,不焚烧秸秆杂物,不妨碍道路通行。

四、自觉护山水

不乱砍滥伐林木,不随意排放污水,不占绿化带种菜,不散养家禽家畜。

五、自治享和谐

不造谣传谣滋事,不从事迷信活动,不滋生安全隐患,不参加越级信访。

诸暨市枫源村村训

风正、德善、家和、业兴、民安;

奉公守法,好学崇文,谦和礼让,正气高昂;

自律自爱,善念善行,爱国爱乡,心气平和;

父慈子孝,兄友弟恭,夫妻恩爱,邻里协同;

众志创新,天道酬勤,安居乐业,发家兴村;

健康是福,平安是财,和谐是宝,近悦远来。

我们常说"有了村训,才有村魂",村里把"村训村规"刻在铁板上,提醒村民做人做事"铁板钉钉、一言九鼎",让村民有争议的时候自己对照、协商解决。(诸暨市枫源村党支部书记)

村规民约是一种遵循乡土社会内生逻辑形成的,调整人际关系、规范个体行为、维护社会稳定的非正式制度①。从这个意义来讲,它属于社会资本的范畴。传统中国"政不下县",乡土社会的运行主要依靠宗族法规等村规民约。费孝通认为,传统乡土社会是"无法"的社会,但"无法"并不影响乡土社会的秩序,因为乡土社会是"礼治"的社会②。这个"礼"是社会公认合式的行为规范,村规民约便是其中的重要内容,其发挥作用的基础是"熟人社会"。因此,费孝通同时认为,礼治社会并不能在变迁很快的时代出现②。1990年以来,我们进入了一个快速变迁的社会,传统的相对封闭的村庄结构解体,村庄边界日渐模糊,村庄社会出现了多元化和异质性的增加,村庄逐渐出现了"半熟人社会"的特征,这是一种既不同于传统乡村社会又不同于现代城市社区的中间状态③。与此同时,国家政权全方位介入乡村社会行政末梢,村规民约越来越式微。税费改革以后,国家与乡村的关系发生重大变化,部分行政权力退出乡村,为村规民约焕发活力创造了前提。党的十八大以来,习近平总书记多次就发挥村规民约作用、教育和引导群众改变陈规陋习、树立文明新风做出重要指示。在 2016 年 4 月 25 日召开的全国农村改革工作座谈会上,习近平总书记要求"引导广大农民增强守法意识,发挥好村规民约、村

---

① 向颖.村规民约嵌入新时代乡村治理的有效性——基于 J 省的个案研究[J].社会科学家,2023,(06):136-141.
② 费孝通.乡土中国[M].北京:北京大学出版社,2012:72.
③ 贺雪峰.新乡土中国(修订版)[M].北京:北京大学出版社,2013:8.

民民主协商、村民自我约束自我管理在乡村治理中的积极作用"①。2018年9月21日,习近平总书记指出,"很多风俗习惯、村规民约等具有深厚的优秀传统文化基因,至今仍然发挥着重要作用"②。2018年,中共中央、国务院《关于实施乡村振兴战略的意见》明确要求"发挥自治章程、村规民约的积极作用"③。2018年12月,中央下发《关于做好村规民约和居民公约工作的指导意见》,要求全国村社普遍形成"务实管用的村规民约、居民公约",健全自治、法治、德治相结合的基层社会治理机制④。因此,在社会资本视角下推进村民参与乡村治理,应充分认识村规民约在新时代场域中的治理价值,通过因地制宜完善村规民约,为村民参与乡村治理提供制度支撑和价值引领。

1. 村规民约的新时代价值

(1)村规民约促进新时代乡村自治效能提升。自治是新时代乡村治理之根本,村规民约有利于提升乡村自治效能。首先,村规民约能够激发村民参与自治的主体意识。根据2018年12月4日民政部、中央组织部、中央政法委、中央文明办、司法部、农业农村部、全国妇联出台的《关于做好村规民约和居民公约工作的指导意见》(以下简称《意见》)的规定,村规民约的制定一般要经过征集民意、拟定草案、提请审核、审议表决、备案公布等严格的程序。与中国传统乡土社会村规民约代表乡绅地主的利益不同,新时代的村规民约是在充分尊重村民主体地位、广泛征求村民意见和建议的基础上形成的非正式制度,其内容反映了村民的利益诉求,肯定了村民在村庄自治中的主体地位和主体作用,能够充分激发村民参与乡村治理的主体意识。其次,村规民约能够提升村民参与自治的主体能力。在传统乡土社会,村民只是被动接受管理的对象,因此,村民主动参与乡村治理的能力较为欠缺。村规民约作为村民自我管理、自我服务、自我教育、自我监督的行为规范,对村民如何参与村庄自治做了明确规定,有利于提升村民参与新时代村庄自治的能力和水

---

① 中共中央党史和文献研究院.习近平关于基层治理论述摘编[M].北京:中央文献出版社,2023:64.
② 习近平.把乡村振兴战略作为新时代"三农"工作总抓手[J].社会主义论坛,2019,(07):4-6.
③ 中华人民共和国中央人民政府.中共中央 国务院关于实施乡村振兴战略的意见[EB/OL].(2018-02-04).https://www.gov.cn/zhengce/2018/02/04/content_5263807.htm.
④ 中华人民共和国中央人民政府.多部门联合出台《关于做好村规民约和居民公约工作的指导意见》[EB/OL].(2018-12-27).https://www.gov.cn/xinwen/2018-12/27/content_5352672.htm.

平。最后,村规民约能够增强村民参与村庄自治的整体效果。制度最具有根本性和长远性。新时代村规民约既继承了中国传统乡规民约的精华,又结合新时代特征不断推陈出新,融入了"富强民主文明和谐、自由平等公正法治、爱国敬业诚信友善"的社会主义核心价值观,体现了新时代乡村自治的现实需要,既为村庄自治提供了有效抓手,又为村民参与村庄自治提供了行动指南。其作用的有效发挥,大大提升了村民参与村庄自治的整体效果。

(2)村规民约促进新时代乡村法治效能提升。法治是新时代乡村治理的重要保障,村规民约有利于提升乡村法治效能。村规民约是依据基层社会权威形成的、具有强制性的行为规范,体现了地方法理性和权威性,本质上兼有法的特征[①],具有软法之治的法治功能。一方面,村规民约能够化解社会矛盾、解决社会问题,尤其是在解决农村张家长、李家短等国家法律法规难以发挥作用的村民之间的矛盾和纠纷方面,村规民约具有独特优势。另一方面,村规民约能够与法治国家、法治社会的进程契合,充分彰显乡村法治的时代性。"法治社会的本位预设在于社会的自我主治"[②]。村规民约是村民进行"自我主治"的重要依据。充分运用好村规民约,能够显著提升乡村法治的效能。首先,村规民约具有柔性治理契约的特点,能够有效弥补法治刚性有余、柔性不足的缺陷。村规民约的执行主要依靠村民的自觉,"脸面"在其中发挥重要的作用。如果有村民不执行村规民约,所受的惩罚一般都是以道德惩罚为主的软性惩罚,X村的道德积分红黑榜便是这样一种形式。对于在垃圾分类等方面做得不够好的村民,X村实行倒扣积分制度,每月定期公布积分排名情况,把村规民约的道德约束力充分发挥出来,让村民因怕"脸面"受损而积极参与村庄垃圾分类。其次,村规民约具有充分的民意代表性,能够得到最为广泛的民意支持,这为乡村法治的深入人心夯实了基础。村规民约是在广泛征求民意的基础上制定的。从意见征集到提交村民会议表决通过,整个过程都按照规定的程序进行,这实际上是一次法治理念和法治精神的宣传过程,有利于提升村民的法治素养,进而推进乡村法治的进程。最后,作为衔接国家法律法规和村风民俗的一种基层治理规范,合法性是村规民约的基

---

① 向颖.村规民约嵌入新时代乡村治理的有效性——基于J省的个案研究[J].社会科学家,2023,(06):136-141.
② 江必新.法治社会的制度逻辑与理性构建[M].北京:中国法制出版社,2014.

本特征。诸暨市枫源村在制定村规民约时规定,"村规民约不得违背国家法律,不得侵犯村民合法权益"。因此,村规民约的制定和运用,实际上是一个法律知识进村入户、入脑入心的过程,能够引导村民拓展法律知识、增强法治意识,进而推进乡村法治的进程。

(3)村规民约促进新时代乡村德治效能提升。德治是新时代乡村治理的重要支撑,村规民约有利于提升乡村德治效能。乡村是一个"熟人社会""半熟人社会",千百年来形成的礼治风俗深入人心。"礼并不是靠一个外在的权力来推行的,而是从教化中养成了个人的敬畏之感,使人服膺"[①],而一个有"礼"之人必定会被认为是一个守"德"之人。道德对人的教化不能靠如同法律一样的强制性作用,只能靠社会舆论来维持。村民如果做了不道德的事,就会受人唾弃。村规民约正是判定一个人做的事情是否道德的一个标准。首先,村规民约以道德规范、礼俗文化为主要内容。在现代性渗透乡村、现代化改造村民的当下,传统道德价值观因受到挑战而失范,法律法规又因村民法治素养低下而失灵,村规民约通过重建乡村道德价值体系,唤醒人们日渐式微的"礼治"基因,进而引领乡村社会风气的好转。其次,村规民约通过把握纲常伦理生成规律,建构富有现代性的包含个人品德、家庭美德、社会公德的乡村道德价值谱系,让以社会主义核心价值观为引领的新时代"礼治"深入人心,进而凸显以德为先、强化价值引领的德治功能。最后,村规民约通过"奖优罚劣",引导村民树立正确的思想观念和价值追求,为营造风清气正、崇德向善的社会风气提供强劲动力,如X村以"信誉银行"机制引领德治前行。"信誉银行"实际上就是村规民约,只不过是一种用分数量化的村规民约(在年底对分数高的进行奖励,对分数低的进行惩罚),对德治教化作用的发挥起到积极促进作用。

2. 充分发挥新时代村规民约的乡村治理价值

村庄共同体是村民相互协作、共同发展的社会基础,它建立在村民自治的制度基础之上。然而,随着村庄传统关系的破坏,尤其是受市场经济、现代

---

① 费孝通.乡土中国[M].北京:北京大学出版社,2012:72.

传媒、自由流动等因素的影响,村庄共同体正在逐渐解体[①]。村庄共同体的解体不仅会影响村民的生活质量,而且会对乡村社会的稳定和发展产生负面影响。因此,必须采取有效的措施来应对这一挑战。构建适应时代变化且被村民共同认可的村规民约,可以有效地应对村庄共同体面临解体的挑战,推进乡村治理现代化。这对于维护乡村社会的稳定和发展、提高村民的生活质量都有重要意义。

(1) 抓政治引领为村规民约铸魂。现代村规民约既保留了传统乡规民约的浓郁乡土气息,又融入了现代社会的理性契约精神,是推动新时代乡村治理现代化的重要非正式社会行为规范。村规民约建立在村民相互信任,以及对村规民约的共同认同感、对本村的强烈归属感的基础之上,对促进村民参与、推进乡村治理现代化发挥着重要作用。村规民约的乡土性表现为对本地历史、文化、民俗的尊重和传承,反映了村民的日常生活和行为方式,体现了乡村社会的价值观和道德标准;村规民约的契约性表现为通过民主程序制定,约束村民的行为,保障村民的权益,体现了现代社会的法治精神。村规民约本质上强调一种同质性,即共同的规范、习惯和目标。思想是行动的先导,共同的价值观是形成共同规范、习惯和目标的基础。社会主义制度下的村规民约的精神内核必须与社会主义核心价值观一致,即必须发挥基层党组织的政治引领作用,以社会主义核心价值观为村规民约铸魂。

首先,村规民约作为乡村治理的重要工具,必须以社会主义核心价值观为价值判断的标准。社会主义核心价值观是当代中国精神的集中体现,是实现中华民族伟大复兴的强大精神支柱。因此,村规民约的制定和实施必须以此为导向,倡导符合社会主义核心价值观的行为,反对违背社会主义核心价值观的现象。在村规民约的制定过程中,应当深入贯彻社会主义核心价值观的基本原则,将其融入村规民约的每一个条款。例如,村规民约应该提倡尊老爱幼、邻里和睦、勤劳致富等符合社会主义核心价值观的行为,反对赌博、吸毒、宣扬封建迷信等违背社会主义核心价值观的现象。此外,村规民约的实施必须以社会主义核心价值观为指导。在处理村民的纠纷时,应当以社会

---

① 贺雪峰.乡村治理的社会基础:转型期乡村社会性质研究[M].北京:中国社会科学出版社,2003:120.

主义核心价值观作为根本评判标准,公平、公正、合理地解决矛盾和问题。

其次,村规民约的制定和实施,是培育和践行社会主义核心价值观的过程。社会主义核心价值观是中华民族的精神纽带,是推动社会进步和发展的重要力量。引导村民在践行村规民约中感受社会主义核心价值观的丰富意蕴及其对塑造良好精神风貌的崇高价值,可以帮助村民更好地理解社会主义核心价值观的内涵,从而在日常生活中积极主动地践行。

在实践中,村规民约可以通过多种方式来培育社会主义核心价值观:通过制定一些规定和制度,鼓励村民积极参与公益事业、传承优秀传统文化、维护社会和谐稳定等;通过开展丰富多彩的文娱活动、宣传活动等,让村民更加深入地了解社会主义核心价值观的内涵和要义,从而使之内化于心、外化于行。此外,村规民约还可以通过一些具体的措施来促进村民的参与和认同:建立一些奖励机制,鼓励村民积极参与村里的各项事业;组织一些集体活动,增强村民的团结和互助;开展一些教育培训,提高村民的文化素质和道德水平。这些措施可以有效促进村民对社会主义核心价值观的认同和接受。

最后,为了使村规民约中蕴含的社会主义核心价值观深入人心,必须将其以通俗易懂、贴近村民生活的方式进行解释和传播。具体而言,可以用村民易于理解的方言、喜闻乐见的形式,如口头讲解、宣传画、文艺演出等,将村规民约的内容呈现给村民。这些形式不仅能够吸引村民的注意力,还能激发他们的学习兴趣,使社会主义核心价值观在村民心中留下深刻的印象。此外,为了让村规民约更加贴近村民的生活实际,可以将其与村民的日常生活紧密联系起来:通过开展各种形式的道德评议活动,引导村民树立正确的价值观念,养成良好的行为习惯;通过评选优秀家庭、优秀村民等活动,表彰先进、树立榜样,激励更多村民积极践行社会主义核心价值观。

(2)重内容创新为村规民约赋能。村规民约要充分发挥作用,就必须实现时代化、亲民化和本地化。首先,村规民约需要时代化。时代化,是指村规民约要立足新时代、新方位、新目标,在习近平新时代中国特色社会主义思想指引下,贯彻落实习近平总书记关于基层治理现代化的相关重要论述,把握乡村发展规律,创新完善内容体系,致力于实现乡村治理现代化。在制定村规民约的过程中,要坚持守正创新,主动扬弃传统村规民约中腐朽没落的思想,积极融入新思想、新理念、新环境,如随着互联网的普及,村规民约中就需要增加关于网络使用、网络安全等方面的规定,以保障村民的权益和国家安全;要坚持开放理念,邀请专家学者和乡贤等对村规民约内容进行评审把关,确保村规民约合理、合法、合规。其次,村规民约需要亲民化。亲民化,是指村规民约应该是群众喜闻乐见、主动接受的,这就要求在村规民约的制定过程中,以村民的需求和利益为出发点,充分听取村民的意见和建议,让村民感受到自己的参与权和话语权。切实维护好、实现好村民主体性,从村民最关心、最直接、最现实的利益问题出发,丰富完善内容;坚持村民利益第一原则,充分发挥党组织的引领作用,发挥村民议事平台的作用,广开言路、集思广益,通过平等协商达成普遍共识,提升村民的参与度和认同感。只有这样,村民才会更加自觉地遵守村规民约,形成良好的社会风气。最后,村规民约需要本地化。本地化,是指村规民约的制定必须坚持实事求是的原则,大兴调查研究,充分了解和把握村庄发展实际,制定出接地气、合村情、顺民意的村规民约。只有结合本地实际情况制定的村规民约,才能更好地反映村民的利益诉求,更具有针对性和可操作性。

(3)强践行能力为村规民约提效。村规民约,是乡村治理的重要工具,社会治理效能的充分发挥依赖于它的有效践行。村规民约的践行能力,与制度引领、示范带动和组织推动有着密切的联系。首先,制度引领是村规民约得以有效践行的重要保障。在乡村治理中,制度是规范村民行为的重要手段。村规民约作为乡村社会的共同准则,要得到全体村民的认同和遵守,就必须依靠制度引领。要在农村基层党组织引领下建立推动村规民约践行的长效机制,通过建立完善村规民约践行的监督保障机制,让村规民约成为"长牙齿"的制度,对守规者奖,对违规者罚。要对村干部和有一定影响力的村庄头面人物加强监督制约,对其违反村规民约的行为进行公平、公正的处理。其次,示范带动是村规民约有效践行的强劲动力。在乡村社会中,村民往往以身边的人为榜样,通过观察和模仿来学习和践行行为规范。因此,村规民约的有效践行需要有一批带头人或者示范户来引领村民。这些带头人或者示范户可以通过自身的行为来传递村规民约的价值观念,引导村民树立正确的行为规范。要通过发挥村内党员干部的示范带动作用,来增强村规民约的践行能力。所有村干部模范应遵守村规民约,以身作则,带头践行。与此同时,要善于发现典型、总结典型、宣传典型,用榜样的力量激励全体村民自觉遵守村规民约。最后,组织推动是村规民约有效践行的另一个关键因素。在乡村社会中,组织是实现有效治理的重要载体,因此,村规民约的有效践行需要依靠建立和完善村级组织来推动。要建立完善村规民约的践行组织,如打造村民矛盾纠纷化解的品牌调解室、建立扶危济困救急的社会组织等,让矛盾化解在基层,把危险消除在萌芽,将贫困消解在初发,让村规民约倡导的公序良俗、公平正义在日复一日的践行中深入民心。

(三) 加强乡村文化建设

党的十九大提出乡村振兴战略,旨在促进农村地区的经济、社会和文化发展。这一战略在党的二十大得到了进一步强化,要求全面推进乡村振兴,以实现农村地区的全面现代化。乡村振兴是一个涵盖产业、人才、文化、生态、组织等多个方面的系统性工程,其中乡村文化建设是至关重要的一个方面。乡村文化是在长期的农业生产生活实践中形成的、具有地域性和乡土性特点的物质文明和精神文明的总称①。它包括乡村的历史、传统、风俗、习惯、信仰等多个方面,是乡村社会的重要组成部分。乡村文化建设不仅可以凝聚村民人心、维护社会秩序,而且可以为乡村现代化建设提供精神动力和价值支撑。

1. 加强乡村文化建设的重要意义

(1) 加强乡村文化建设是增强村民主体意识的现实要求。村民是乡村社会的主人,是乡村社会的基石和乡村治理的关键主体。然而,尽管村民在乡村治理中扮演着不可或缺的角色,他们的主体地位并未得到充分有效的发挥。调研发现,87.9%的被访村民认为实现乡村振兴应该主要靠政府,82.8%的被访村民认为实现乡村振兴应该主要靠村干部。虽然80.1%的被访村民认为实现乡村振兴也应该主要靠村民,但他们中的多数仍然寄期待于其他主体,认为自己能做的就是配合工作。出现这种情况,与村民主体意识不强有很大关系。也就是说,村民并未充分认识到自己在乡村治理中的主体地位。这一方面是因为村民参与制度的缺失,导致村民长期不参与村庄公共事务,进而逐步丧失主体意识;另一方面是因为村民没有从村庄发展中获得

---

① 戚迪明,刘玉侠,任丹丹.转型中乡村文化建设的困境与反思[J].江淮论坛,2019,(06):14-21+197.

充分的利益联结,进而导致村民认为村庄发展的好坏与自己无关,参不参与村庄事务意义不大。此外,乡村精神文化的严重缺失也是导致村民主体意识显著弱化的一个重要原因。随着城市化进程的快速推进,乡村文化受到前所未有的冲击,原本维系人们之间关系的仪式人情文化、宗族文化、年俗文化等乡土文化逐渐远离人们的生活,以城市取向为中心的外来文化使几千年来形成的乡村文化秩序土崩瓦解,乡村由"熟人社会"走向"半熟人社会"和"陌生人社会",乡村的黏性越来越差,人们对乡村的感情越来越淡。乡村文化的缺失淡化了村庄共同体的文化边界,影响了村民对自己村民身份的心理认同,使村民不再看中村庄生活的价值,进而影响村民面向村庄生活的热情。这导致村民们对乡村公共事务的参与度降低、对乡村传统价值观念的淡漠,以及对自身权利和利益的忽视。这种主体意识的弱化影响了乡村社会的稳定和发展,也制约了乡村治理体系的完善和提升。因此,加强乡村文化建设,提升村民的主体意识,已经成为当前乡村振兴战略中亟待解决的问题。

(2)加强乡村文化建设是弘扬主流价值观念的现实要求。改革开放以来,随着现代性的渗透,原本纯朴的乡村价值体系逐渐变得复杂起来,西方个人主义、拜金主义、享乐主义等价值观念逐渐侵入人们的思想。这些西方价值观念的侵入,使乡村价值观念变得多元化的同时,也导致人们对公共事务的关注度降低、对传统价值观的认同感减弱。许多年轻人一味追求个人利益,忽视了对村庄公共事务的关注和参与。多数村民认为把自己的日子过好就行,村里的事情则是村干部和乡镇的事情,自己管不着也不用管。这种情况进一步加剧了乡村价值的分化,使乡村社会变得更加复杂和不稳定。如何引导村民正确看待和处理个人与集体的关系、家庭利益与集体利益的关系、物质富裕与精神富裕的关系等,成为摆在乡村治理面前的一个亟须解决的问题。因此,弘扬优秀传统文化,加强社会主义核心价值体系建设,在村民中形成崇德向善的良好氛围,对于帮助村民抵御腐朽没落思想的侵蚀、规范村民的日常行为习惯、增强村民的集体意识和公德意识有重要意义。社会主义核心价值观是全党全社会的价值共识,具有整合社会价值、维护社会秩序、推动国家治理体系和治理能力现代化的重要作用。习近平总书记强调,"构建具有强大感召力的社会主义核心价值观,关系社会和谐稳定,关系国家长治久安"。广大农村是培育社会主义核心价值观的重要场域,推动社会主义核心价值观在广大农村地区落地生根，不仅事关农民群体思想道德水平的提高和农村地区的和谐稳定，而且事关乡村振兴战略全局。只有那些用社会主义核心价值观武装的村民，才能深深地热爱祖国、热爱家乡、热爱自己的村庄。他们向上向善，主动参与村庄事务的治理，展现出强烈的责任感和担当精神。这些村民用实际行动践行着社会主义核心价值观，成为村庄的楷模和榜样。他们的言谈举止都散发着一种正能量，激励着更多人积极投身于村庄建设和发展，共同为村庄的美好未来而努力奋斗。

（3）加强乡村文化建设是增强村庄经济基础的现实要求。利益相关者理论告诉我们，村民对村庄事务的参与热情，同他们与村庄的利益联结紧密相关。如果一个村庄的集体经济发展得好，村民能够从中获得实实在在的利益和实惠，那么他们就会积极地参与村庄的公共事务。相反，如果一个村庄积贫积弱，无法给村民带来任何好处或利益，那么村民对参与村庄公共事务的兴趣就会大打折扣。除了精神层面的价值重塑，乡村文化建设还可以转化为乡村文化产业。例如，乡村文创产业以及基于乡村文化底蕴的文化旅游业等，都会给村庄带来一定的经济效益，增加村民的收入，帮助他们过上更加美好幸福的生活。这些文创产业的发展，不仅能够提升村庄的知名度和形象，而且能够吸引更多游客前来观光旅游，进而促进村庄的发展。在乡村文创产业发展过程中，村民可以参与其中，制作和销售具有当地特色的文化产品。这些产品包括手工艺品、农产品、特色小吃等，都可以成为村庄的特色品牌，吸引游客前来购买，从而增加村民的收入。同时，这些文化产品可以成为村庄的代表，展示村庄的文化底蕴和特色，为村庄特色IP的形成打下坚实的文化基础。在文化旅游业方面，村庄可以利用自身的文化资源，开发具有自身特色的旅游线路和项目，如推出一些历史文化的体验游、自然风光的探险游、农家生活的嵌入游等。这些旅游项目可以让游客深入了解村庄的历史文化、风土人情和自然风光，也可以带动村庄的经济发展，提升村民的参与热情。

2. 加强乡村文化建设的实践路径

（1）重塑村民乡村文化价值观念。村民是乡村文化建设的核心与关键，他们的乡村文化价值观决定了其对乡村文化价值的认同感。这种认同感不仅能增强村民对乡村文化的归属感和自豪感，而且能促进乡村文化的传承和发展。如果村民对乡村文化缺乏认同感,那么乡村文化建设就很难取得成功。因此,要采取措施积极重塑村民的乡村文化价值观,进而增强村民对乡村文化的认同感。

首先,要重塑村民文化自觉。之所以提出这一问题,是因为当前大部分村民对乡村文化缺少自觉,即他们不明白自己所在乡村文化的来历、形成过程、所具有的特色及其发展趋向①。习近平总书记在谈到中华文化时曾多次强调,要"不忘本来、吸收外来、面向未来"。村民如果连自己乡村文化的本来都搞不明白,是不可能有乡村文化自信的,而没有乡村文化自信也就不可能自觉投入乡村文化建设。要通过多种形式的乡村文化宣传教育,让村民充分认识到乡村文化的价值,即"涵养身心的生命价值、接近自然田园的生活价值、支持绿色发展的生产价值、维护自然和谐的生态价值、优化人格心态的教化价值以及促进公序良俗的社会价值"②。这种宣传教育应当是生动活泼,具有吸引力和感染力,能够深入人心、引起村民共鸣的:可以通过举办乡村文化展览、播放乡村文化宣传片、开展乡村文化体验活动等方式,让村民亲身感受到乡村文化的魅力;可以邀请专家学者举行乡村文化讲座,向村民传授乡村文化的知识和技能,提高村民对乡村文化的认识和理解。这些宣传教育活动,可以让村民更加深入地了解乡村文化的内涵和价值,增强对乡村文化的认同感和自豪感。

其次,要增强村民文化认同。在中国的乡村价值体系中,社会主义核心价值观占据了核心地位。它继承和弘扬了中华优秀传统文化中的精髓部分,是当代中国精神的集中体现,凝结着全体中国人民的价值追求,代表着乡村文化价值观的方向和主流。要在大力宣传和弘扬社会主义核心价值观中,让村民重新审视乡村文化的时代价值和现实意义,进而增强村民对乡村文化的认同和尊重:一要加强思想引领,通过举办宣讲会、组织学习交流活动等方式,让广大农民深入理解社会主义核心价值观的内涵和要义,引导他们树立正确的世界观、人生观和价值观;二要丰富文化生活,通过开展形式多样的文化活动,如文艺演出、电影放映、知识竞赛等,以生动活泼的方式传递正能量,

---

① 费孝通.反思·对话·文化自觉[J].北京大学学报(哲学社会科学版),1997,(03):15-22+158.
② 王忠武.乡村文明的价值结构与新时代重构——实现乡村振兴的文明复兴之路探讨[J].山东社会科学,2018,(05):43-48.

增强村民的文化自信和认同感;三要推进文明创建,积极开展文明村镇、文明家庭等评选表彰活动,发挥先进典型的示范带动作用,推动形成崇尚文明、争当先进的良好风尚;四要加强教育引导,通过学校教育、家庭教育和社会教育的有机结合,培养青少年的道德观念和行为习惯,提高他们的综合素质;五要强化舆论引导,利用报刊、电视、网络等媒体,广泛宣传社会主义核心价值观的重要性和典型事迹,营造浓厚的社会氛围。

最后,要强化村民文化实践。实践出真知,价值观的形成和发展都离不开社会实践。一种价值观要真正发挥作用,必须融入社会生活,让人们在实践中感知它、领悟它。基于此,村庄要在充分了解村民精神文化需求的情况下,通过开展丰富多彩的参与式乡村文化活动,让村民在参与中感悟、理解乡村文化的价值。村庄可以通过举办各种文化活动来激发村民的参与热情:可以组织传统手工艺制作比赛,让村民展示他们的手工艺技能;可以举办文艺演出、舞蹈比赛等,让村民展示他们的才艺。这些活动可以让村民感受到自己的文化价值,还可以增强他们的文化自信。此外,村庄可以通过开展文化讲座、展览等活动来提高村民的文化素养。这些活动包括当地的传统文化、历史人物、风土人情等方面的内容,可以让村民更加深入地了解自己的文化背景。村庄还可以通过建立文化团队来促进村民的参与式文化活动。这个团队可以由当地的文艺骨干、退休教师等人员组成,他们可以组织各种文化活动,为村民提供必要的指导和帮助。这一系列参与式的文化活动,可以让更多村民参与其中,唤醒村民的乡村文化意识,增强村民的乡村文化情感,让乡村文化的亲和力、感召力嵌入每位村民的内心。

(2)提升村民文化建设主体能力。村民是乡村文化建设的主体力量,其主体能力的高低对乡村文化建设至关重要。

首先,要通过分类施策的教育培训提升村民的主体能力。随着乡村样态的变化,村民主体的组成也越来越复杂。每类村民群体对文化建设的认知和参与能力各不相同,村庄要分类施策,对不同群体采取不同的教育培训方式。例如,对于留守儿童这一独特群体,因其父母、亲人大都不在身边,言传身教的缺失导致其对村庄文化很陌生。因此,对他们而言,学校教育异常重要。村庄要通过组织专门人员编写乡土文化教材,加大学校乡村文化课程所占比例;开设手工技艺实践课程,邀请本土文化技艺传承人走进课堂;通过丰富多彩的户外采风和现场教学活动,让孩子们身临其境感受乡村文化的魅力,丰富其乡村文化知识,为将来参与乡村文化建设打下良好基础。对于留守妇女,村庄可充分利用农闲时间组织开展各种形式的公共文化活动和手工技艺传承活动,使她们在参与中提升文化建设参与能力。对于回乡创业、就业的大学生和乡贤等归乡人,村庄可充分利用他们眼界开阔、思路活泛的特点,组织他们参与乡村历史文化建筑的修复、优秀乡土文化的挖掘传承等,让他们在不断实践中提升自身参与文化建设的能力。对于外来的创业、就业人员,村庄可以针对其对本土乡村文化比较陌生的特点,根据其兴趣特长,有选择地对其进行针对性培训,引导他们提升自身文化建设能力,使他们自觉参与所在乡村的文化建设。

其次,要通过持续不断的资金注入提升村民的主体能力。村民主体能力的提升时时用钱、处处花钱,如果没有健全完善的资金保障,村民的参与能力提升便无从谈起。村庄要借鉴浙江等地的做法,通过打造"政府资金撬动、社会资本参与、村级资金筑基、村民资金投入"的制度机制,形成源源不断的资金流,从而更好地为村民参与能力提升保驾护航。例如浙江省丽水市缙云县在传承缙云烧饼这一传统文化技艺中,政府每年出资500万元左右免费培训缙云烧饼师傅,并对培训出师的人员给予几千元的开店扶持。这一系列资金政策的持续实施,为把缙云烧饼做大做强奠定了坚实基础。缙云烧饼目前在全国开设示范店699家、草根摊点8000余家;缙云烧饼还走出了国门,累计在全球开了8000多家店铺,覆盖美国、意大利、西班牙等16个国家和地区。缙云烧饼的直接从业人员约为2.4万人,近3万人从事缙云烧饼的原料、辅料的制作、供应等工作。截至2022年底,缙云烧饼产值达到30.2亿元,同比增长11.9%,带动了近5万人增收致富。

最后,要通过数字赋能的动力加持提升村民的主体能力。数字技术的不断发展,为村民参与乡村文化建设能力的提升提供强大动能。一是运用数字技术激活沉睡的乡村传统文化,提升村民参与能力:运用数字复原技术和数字存储技术,对失传的乡村优秀传统文化进行挖掘和保存,并通过数字化展示利用和培训提升村民参与能力。二是运用数字技术打造仿真文化参与场景,提升村民参与乡村文化建设的能力:应用AR、VR等数字技术赋能村史馆、农耕文化馆、家风家训馆、名人纪念馆等乡村博物馆,在线上通过线上展厅、3D展馆等途径多角度呈现乡情村史,在线下通过情景还原、人机交互等方式,讲述村庄发展故事,提升村民参与感,在不断增强村民乡村文化素养中提升其参与文化建设的能力。三是运用数字技术开展乡村文化建设知识技能培训,提升村民参与能力:组织各类能工巧匠、非遗传承人、乡村艺人等本土人才以及大专院校乡村文化建设的专家学者,通过开设远程视频课、在线指导课等形式,提升村民参与乡村文化建设的能力。

(3)走好乡村文化产业发展道路。乡村文化产业的发展是乡村文化建设的重要内容,也是乡村经济和社会发展的重要支撑。没有乡村文化产业的繁荣发展,乡村文化建设就难以持续。当前,乡村振兴战略的实施,为乡村文化产业的发展带来难得机遇。村庄必须抓住机会,推动乡村文化产业实现大繁荣、大发展。

首先,要强化政府的政策引领。因处于农村这一特定场域,乡村文化产业具有先天的发展劣势,无论是在资金还是人才方面都存在巨大短板。因此,政府要通过制定相关优惠政策来扶持乡村文化产业的发展,不仅要在投融资、社会捐助与赞助、税收减免等方面制定优惠政策①,而且要在人才的培育和引进方面加大支持力度。政府要通过政策和舆论效应,在全社会形成人人关心支持乡村文化建设的浓厚氛围。

其次,要打造响亮的特色品牌。酒香也怕巷子深,这句话形象地描绘了乡村文化资源面临的困境。在广袤的乡村,文化资源丰富多样,但往往隐藏在深巷之中,不为人知。这些资源散落在古老的屋舍、街巷之间,如同尘封的宝库,等待着被发现和挖掘。通过品牌塑造,村庄可以将乡村文化资源的独特价值传达给更多人,吸引更多关注和投资。同时,品牌塑造也有助于提升乡村文化资源的知名度和影响力,推动其走向产业化发展。为了实现乡村文化资源的品牌塑造,村庄需要采取一系列措施:一要深入挖掘乡村文化资源的内涵和价值,明确其独特性和优势;二要制定科学合理的品牌战略,明确品牌定位和目标受众;三要加强品牌推广和传播,提高乡村文化资源的知名度和美誉度。例如,浙江省义乌市李祖村在充分挖掘本村"礼"文化的基础上,打造了"有礼的祖儿"这一乡村文化产业特色品牌,并在这一品牌的引领下走

---

① 詹绍文,李恺.乡村文化产业发展:价值追求、现实困境与推进路径[J].中州学刊,2019,(03):66-70.

出一条创客兴村之路,成为闻名全国的网红村。

最后,要建立充分的利益联结。乡村文化产业的繁荣发展,离不开普通村民的广泛参与。这是因为乡村文化产业的发展需要依靠广大村民的智慧和力量,只有让村民积极参与文化产业的发展,才能够推动乡村文化产业的持续发展。为了实现这一目标,村庄要通过建立广泛的利益联结机制,让村民能够分享文化产业发展的成果。具体来说,村庄可以通过吸纳村民就业、引导村民入股分红等方式,让村民真正成为乡村文化产业发展的参与者和受益者。在吸纳村民就业方面,村庄可以通过提供技能培训、就业指导等支持措施,帮助村民提高就业能力和竞争力,让他们能够在乡村文化产业中找到适合自己的工作;还可以通过制定合理的工资待遇、福利待遇等政策,吸引更多村民参与文化产业的发展。在引导村民入股分红方面,村庄可以通过吸纳村民以资金、技术等方式入股乡村文化产业,让他们成为企业的股东和合伙人。这样,村民不仅能够获得固定的分红收益,而且能够分享企业发展的成果和利润。这些措施的实施,可以让村民感受到乡村文化产业发展的好处,进而激发他们参与乡村文化产业发展的积极性和主动性。同时,这些措施还能够促进乡村文化产业的可持续发展,提高乡村文化产业的市场竞争力和社会影响力。

三、以利益共享促村民参与

马克思说:"人们奋斗所争取的一切,都同他们的利益有关。"俞可平认为,"善治是公共利益最大化的治理过程和治理行动"[①]。村民参与乡村振兴的最根本的目的是满足自己的利益需求。这种利益需求满足的程度越高,村民参与乡村振兴的积极性也越高。村民正是在追求和实现自身利益的过程中,创造社会价值,推动乡村发展。村民的利益诉求不会因为一时的满足而停止,而会随着经济社会的发展而不断提质扩面。因此,村庄必须持续不断地对村民的各种利益诉求予以满足,才能确保村民长期支持和参与乡村振兴。

---

① 俞可平.走向善治[M].北京:中国文史出版社,2016:75.

（一）以利益共享促村民参与的必要性

1. 村民经济利益的满足是村民参与乡村治理的物质动力

马克思主义关于经济基础决定上层建筑的基本原理认为,经济利益是政治参与的基础条件。村民在村庄经济中的个人和家庭经济利益,仍然是现阶段村民参与乡村治理的基本驱动力。相关研究也表明,当村庄存在密集的经济利益、村民与村庄的经济利益联系得到加强时,村民更愿意参与村庄事务管理,村民自治制度也更能够得到完善和巩固[①]。改革开放以来,随着资金、劳动力等要素迅速向城市集中,农村由兴盛逐渐走向衰落,数以亿计的村民背井离乡,前往城市寻求自身经济利益的满足。乡村振兴战略实施以来,在国家政策的倾斜下,要素资源重新向乡村集聚。大量外出务工人员返回乡村,期待从乡村振兴中获得之前只有在城市中才能获得的经济利益。因此,要激发村民参与乡村振兴的积极性,就要想方设法满足村民的经济利益,让村民在乡村有活干、有收入,能够过上体面的生活。

2. 村民精神利益的满足是村民参与乡村治理的精神动力

党的十八大以来,我国社会的主要矛盾已经从"人民日益增长的物质文化需要同落后的社会生产之间的矛盾"转变为"人民日益增长的美好生活需要同不平衡不充分的发展之间的矛盾"。综合众多研究成果,本书认为随着社会主要矛盾的转变,与"人民日益增长的美好生活需要"相适应,村民利益囊括的范围也越来越广泛,除了经济利益外,还有精神利益,这种精神利益主要包括政治利益、文化利益和情感利益。政治利益,是指村民参与乡村治理的权益,即对村庄事务的知情权、参与权和监督权。随着农村经济社会的不断发展,多种所有制形式和经营形式在现代农村不断兴起,村民的利益来源、社会地位、价值观念等发生变化,形成了多元的农村利益主体,如村民、农民工、个体工商户、企业老板等,随之出现的利益分化和利益冲突在客观上催化

---

① 叶静怡,韩佳伟.征地、经济利益与村民自治参与——基于CFPS数据的实证研究[J].东南学术,2018,(03):123-131.

了村民政治参与的动机[①]。文化利益,是指村民在乡风文明传承与发展中获得的荣誉感和幸福感,与村民能否深度参与村庄乡风文明的传承与发展密切相关。这种深度参与取决于制度与机制的调动。与以往乡风文明建设相比,乡村振兴背景下的乡风文明建设有着自身独特的使命、逻辑和进路。乡村振兴背景下乡风文明传承与发展的使命是建设引领乡村振兴发展、促进乡村现代化、实现乡村生活富裕与价值充盈的乡风文明,这与新时代广大村民的根本利益是一致的。情感利益,是指村民渴望与人交往并从中获得满足感的情感需求。乡村社会已经从"熟人社会"过渡到"半熟人社会",而且随着村庄"单位制"的解体,由村庄组织的公共交往活动越来越少,村民相互沟通的渠道越来越少,村民对交往的需求却越来越强烈。如何创设机会加强村民的沟通与交流,密切村民之间的情感,成为当下乡村治理必须面对的一个问题。在村民的经济利益得到基本满足后,精神利益的需求就会越来越强烈。物质决定意识,意识反作用于物质。如果村民的经济利益得到了满足,精神利益不能得到满足,就会反过来影响村民追求经济利益的积极性,进而影响其参与乡村振兴的积极性和主动性。

利益实现从根本上促进村民参与,如图6-1所示。

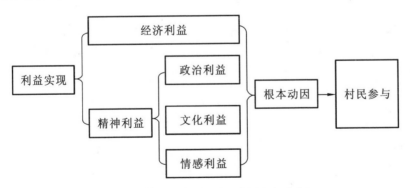

图6-1 利益实现从根本上促进村民参与

---

① 陈向军,徐鹏皇.村民自治中村民政治参与探讨——基于利益与利益机制的视角[J].宁夏社会科学,2014,(01):9-14.

(二)以利益共享促村民参与的实践路径

1. 以制度建设保障村民利益共享

制度最具有根本性和长远性。公共权力运行的制度化和规范化,是一个国家的治理体系现代化的重要标准之一[①]。村庄的治理也是如此。作为村庄的成员,法律赋予村民参与村庄建设的权利,但如果没有健全的参与制度和规范作为前提,村民的参与意愿便无法实现,参与权利也就成了一句空话。因此,健全的制度规范,一方面可以保障村民权利得以实现,另一方面可以激发村民参与的积极性,使其更加自觉主动地投入乡村振兴。一套健全完善的参与制度,不仅要保障村民参与权利的实现,而且要使这种保障可持续、有效率。

一要通过制度化的设计,让村民的经济利益不断得到满足。村庄要以制度添活力、注动力,让村庄的经济发展可持续,让村民的物质收入预期有保障,如通过与村民签订长期租赁协议,实现村庄土地流转,并通过市场化、制度化提升村民收益,使其积极主动参与土地流转。诸暨市枫桥镇杜黄新村本是一个穷村、弱村,村里没什么产业,村民在家门口赚不到钱,只能外出务工。远离村子的村民,对村庄事务漠不关心,就连村里党支部开民主生活会,党员都不能到位。2012 年开始,杜黄新村新一届村两委班子下定决心为村民利益做点实事。他们从土地流转开始,以高于市场的价格,把村里近 2000 亩(约 1.33 km^2)土地全部流转上来,并在征得村民同意后,把流转上来的土地租给种粮大户和养殖大户。与此同时,村集体与乡村运营公司签订协议,由运营公司负责村庄运营。运营公司的职责包括村庄发展规划、发展乡村旅游、销售特色农产品等。年终,运营公司按照约定拿出盈利的一部分面向全体村民进行分红。这种"村集体+种(养)大户+运营公司+村民"的村庄经营模式,给村庄发展注入前所未有的活力。如今的杜黄新村,每年接待游客 3 万余人,得到利益的村民纷纷回村开民宿、农家乐,开展特色农产品种植,村庄人气满满,村民口袋鼓鼓。有了充分经济利益预期的村民对村两委的信任度大增,村民的关系也十分融洽,村里有什么事情,大家都积极参与。该村

[①] 俞可平.走向善治[M].北京:中国文史出版社,2016:3.

村书记曾言:"穷则生变,无事生非,只要让村民富起来,村里很多事情都会解决,村书记也就能一呼百应。"这句话生动地说明满足村民经济利益需求的重要性。

二要通过制度化的设计,让村民的精神利益不断得到满足。对政治利益而言,村民作为乡村振兴的主体,有权参与村庄政治,但这种权利的实现有赖于制度的健全。没有一套健全的制度,村民便无法实现自己的政治利益,其参与的积极性也就无从调动。因此,必须通过建立和完善相关制度,为村民参与村庄事务治理提供保障。对文化利益而言,村民的主体性决定了村民对村庄文化的认同感和荣誉感。但这种认同感和荣誉感并不是天生就有的,它与村庄乡风文明的现状呈直接相关性。一个乡风文明的村庄,村民的荣誉感也强;一个乡风文明一团糟的村庄,村民生活在其中也不会有什么荣誉感。要保障村民的这种荣誉感,就必须通过制度化的设计,形成我为人人、人人为我的良好氛围,为乡风文明的形成和发展提供坚强保障。对情感利益而言,随着乡村"熟人社会"的逐渐解体,村民的交流沟通越来越少。为他们提供交流沟通的平台,满足村民情感利益,就成为乡村振兴必须要解决的一个问题。因此,通过制度化、常态化的活动举办,密切邻里的感情,加强彼此的交流,就显得十分必要。

2. 以城乡融合促进村民利益共享

村民参与乡村治理的意愿在一定程度上与其对乡村的感情紧密联系在一起。在国家现代化快速推进的同时,由于一味服务城市,乡村自身的发展被忽视,乡村的资源和人才不断流向城市,乡村渐渐成为不被村民喜欢的地方。这种村民与乡村之间情感的疏离,严重影响了村民参与村庄事务的积极性。只有通过城乡融合,不断强化乡村自身的本位化,凸显乡村的时代价值,让村民共享改革发展带来的乡村发展红利,才能不断激发村民的乡村荣誉感和归属感,进而使其积极主动参与乡村治理。"城乡融合发展"在党的十九大报告中首次被提出。这是党和国家基于对新时代背景下的城乡关系进行重新审视而提出的新型城乡关系发展格局。这一格局要求城市与乡村打破传统地域限制,实现彼此协调发展①。

(1) 优化城乡资源要素配置。党的二十大报告要求"坚持农业农村优先发展,坚持城乡融合发展,畅通城乡要素流动"。这表明,城乡融合的最大堵点是要素配置不均衡,城多乡少,城优于乡。要改变城乡发展不平衡的局面,就必须贯彻落实党的二十大精神,努力打通城乡要素流通的堵点。具体而言,需要在以下三个方面发力。

首先,要推动基础设施向农村延伸。这不仅有助于提高农村地区的生产力和生活质量,而且能促进城乡一体化发展。为了实现这一目标,政府要加大对农村基础设施建设的投入,包括道路、电力、水利、通信等方面。同时,政府要积极引导社会资金进入农村市场,通过市场化运作,提高基础设施建设的效率和质量。此外,政府还要加强农村基础设施建设与城市基础设施建设的衔接,确保城乡之间能够实现资源共享和优势互补。

其次,要推动公共服务向农村覆盖。这意味着要将更多资源、设施和服务向农村地区倾斜,包括教育、医疗、交通、通信、文化、体育、娱乐等方面的设施和服务。在这一过程中,政府要坚持均等化原则。一是城乡之间公共服务的均等化。由于历史原因和城乡占有资源的不均等,城乡公共服务水平存在较大差距。在推动公共服务向农村延伸的过程中,政府要以城乡融合发展原则为指导,以建立全民覆盖、普惠共享的公共服务体系为目标,建立健全以城带乡的公共服务均等化保障制度;要发挥好城市与乡村各自的比较优势,坚持优势互补,城乡共享。二是不同乡村之间公共服务的均等化。因自然禀赋和发展程度的差异,不同乡村之间公共服务水平存在较大差异,因此,政府要通过建立完善相关政策,激励更多资金投向公共服务设施和水平较差的村庄,并通过大力实施强弱村抱团发展制度,最终实现不同乡村之间公共服务的均等化。

最后,要推动资源要素向农村流动。一要建立健全的农村资源要素市场体系。这个市场体系应该包括土地、劳动力、资本、技术等各个方面,为农村资源要素的流动提供良好的平台和机制。二要推动城市资源要素向农村流

---

① 代兴梅,朱伽豪,汪昊莹.中国式现代化视域下城乡融合发展的对策建议[J].农业经济,2023,(11):100-104.

动。城市拥有丰富的资源要素,包括人才、资金、技术等,这些要素可以通过政策引导、市场机制等途径向农村流动,促进农村经济的发展。政府要以人才引育为支撑,激活乡村振兴新动能。一是大力培育新型农业人才:以农业农村部门为主导,依托大专院校、各地的农民学校及各级实训基地,以职业化为方向,立足农业特色产业以及"农业+旅游""农业+电商""农业+康养"等农村新业态,大力培育农业生产型、经营型、服务型新型实用人才,并以此催生农业新型经营主体,推动乡村振兴和村民共富。二是积极引进专业运营团队:学习浙江省义乌市李祖村经验,推动农创客乡村运营团队走进乡村,构建"专家+创客团队+基地农户"的组团创业机制;参照现代化企业管理模式经营农村集体经济,通过制定、完善业绩评价体系,打造"风险共担、利润共享"的合作模式,吸引更多优秀职业经理人及专业团队参与乡村建设,共促乡村发展。三是激励本土人才返乡创业:把回乡创业优秀人才进一步纳入本地人才奖励政策范围,不拘一格降人才,把创造效益、带动乡村发展等作为衡量人才的重要标准;制定、完善乡贤及返乡青年创业优惠政策,在资金扶持、项目审批、土地使用、政策扶持等方面简化程序、提供方便;在较大乡村建设乡村创业产业园,为乡贤及回乡创业青年提供创业空间。四是加强农村资源要素的培育和提升:通过教育培训、科技研发等途径,提高农村资源要素的质量和水平,促进农村经济的可持续发展。

(2)促进乡村特色产业发展。乡村产业发展是促进城乡融合的关键,而乡村特色产业的发展又是这一关键中的关键。2019年国务院印发《关于促进乡村产业振兴的指导意见》指出,乡村产业是"根植于县域,以农业农村资源为依托,以农民为主体,以农村一二三产业融合发展为路径"的惠农富农产业。乡村特色产业是在农民农业农村的大阵地中发展起来的,涵盖种养业、食品业和手工业等多种类型,具有促进乡村高质量发展的重要价值[①]。

首先,要打造特色品牌,形成乡村特色产业核心竞争力。习近平总书记指出,"要做好品牌,提升品质,延长产业链,增强产业市场竞争力和综合效益,带动更多乡亲共同致富"。特色品牌是乡村特色产业发展的引擎,没有品牌为依托的乡村特色产业就没有核心竞争力。一要打造区域公共品牌。例

---

① 张立畅.发展乡村特色产业全面推进乡村振兴[J].红旗文稿,2023,(22):30-33.

如,浙江省丽水市近年来成功打造出"丽水山耕""丽水山居""丽水山泉"等区域公共品牌,为丽水农业特色产业的发展插上腾飞的翅膀。区域公共品牌的打造需要发挥政府的引领作用,由政府负责区域公共品牌的策划、宣传,并依托行业协会加强对区域公共品牌准入的监督。区域内的企业或农户作为生产者负责生产,品牌管理企业来实现品牌的管理,从而克服区域公共品牌"市场失灵"和"政府失灵"的问题。二要充分赋予文化内涵。乡村特色品牌的打造必须充分借助文化的力量,使之成为有文化内涵的品牌,才能引领乡村特色产业实现高质量发展。村庄要在深入研究本地优秀传统文化的基础上,以社会主义核心价值观为标准,提炼出具有鲜明特色的本地文化IP,并在此基础上,结合特色产业发展情况,创设出富有代表性的本地特色品牌。三要吸引村民广泛参与。乡村特色品牌的打造离开村民的支持和参与,是不可能取得成功。在打造和使用乡村特色品牌的过程中,村庄要通过各种形式充分听取村民的意见、建议。此外,村庄要通过组织专门的培训,提升村民在经营农业中的品牌意识,切实用好、用实乡村特色品牌。

其次,要加强顶层设计,促进乡村特色产业高质量发展。一要坚持错位发展。乡村特色产业的谋划要紧密结合自身资源禀赋,坚持错位发展和差异竞争,防止因随大流而陷入发展困境。二要坚持效益优先。村庄要在充分市场调研基础上确定特色产业的发展方向,避免贪功求大、违背市场规律胡乱上马。三要坚持系统观念。村庄要把乡村特色产业的谋划与村庄建设、生态宜居统筹谋划和同步建设,不断丰富和发展特色农业"＋人文""＋体育""＋生态""＋康养"等融合业态,推进产园、产村、产镇和产城融合[①]。

最后,要坚持村民中心,形成帮扶小农户增收致富合力。乡村特色产业的发展与村民的积极参与密不可分。只有坚持以村民为中心,通过联农、惠农、扶农,让普通村民增收致富,才能为乡村特色产业的发展集聚强大的内生动力。一要运用好扶持政策和绩效考评的引导作用,激励新型农业经营主体和社会化服务组织强化对农户的各方面帮扶。二要加大农户培训力度,突出特色产业质量安全、绿色发展和数字农业等方面的培训,培育一大批懂技术、会经营、高质量发展意识强的农民,夯实特色产业发展的人才基础。三要鼓

---

① 万俊毅.发展乡村特色产业,拓宽农民增收致富渠道[J].农业经济与管理,2022,(06):19-22.

励发展行业协会或产业联盟,加强农户的经验交流和技术互帮,实现抱团发展。

(3) 推进以县城为重要载体的城镇化建设。作为县域城乡融合发展的有效平台,县城是连城带乡的天然载体,是城乡融合发展的关键支撑[①]。党的二十大报告强调,"推进以县城为重要载体的城镇化建设"[②]。在推进城乡融合发展中,县城不仅代表着乡村与城市的对接,而且辐射带动着乡村,既是连接城乡宏观经济与微观经济的接合部,又是工业化、城镇化、信息化与农业农村现代化的连接点,具有连接城市、服务乡村的双重效能,对城镇化和乡村振兴的协同推进具有十分重要的战略意义[③]。基于此,政府必须有效发挥县城在推进城乡融合中的双向驱动、双向赋能作用,重构"城-镇-村"的生产、生活、生态空间功能体系,形成"城-镇-村"三位一体、功能衔接互补的县域城乡融合发展格局,推动乡村群与城镇群的有机衔接,在整体层面实现城市与乡村的共同繁荣[①]。

首先,要通过提升县城产业层级打造县域发展高地。县城是县域经济发展的重要载体,是推进国家治理现代化、实现我国第二个百年奋斗目标的最基本环节和单位。县城要发展,产业是重要支撑,也是县城与镇、村及周边区域密切联系的基础。但目前我国县城产业层级普遍不高,以附加值较低的浅加工和原材料输出为主。因此,推进以县城为重要载体的城镇化建设,必须把提升县城产业层级作为重中之重。在这个过程中,政府要坚持因地制宜,根据不同县城的特点进行分类施策,打造各有千秋的县城发展模式,在推进新质生产力发展基础上实现县城产业的高质量发展。政府要按照2023年中央经济工作会议要求,"以科技创新推动产业创新,特别是以颠覆性技术和前沿技术催生新产业、新模式、新动能,发展新质生产力"。无论是老产业改造提质,还是新产业培育发展,都必须把发展"新质生产力"放在首位,通过不断优化提升县城产业层级,充分发挥县城产业在县域产业发展中的引擎作用。

---

① 陈文胜,李珊珊.城乡融合中的县城:战略定位、结构张力与提升路径[J].江淮论坛,2023,(05):13-19+193.

② 习近平.高举中国特色社会主义伟大旗帜 为全面建设社会主义现代化国家而团结奋斗:在中国共产党第二十次全国代表大会上的报告[M].北京:人民出版社,2022.

③ 陈文胜,李珊珊.论新发展阶段全面推进乡村振兴[J].贵州社会科学,2022,(01):160-168.

在提升县城产业层级的过程中,要注重以下几个方面。

① 优化产业结构:要加快传统产业的转型升级,推动产业链向高端延伸,提高产品附加值;要培育新兴产业,发展现代服务业和高新技术产业,推动互联网、大数据、人工智能和实体经济深度融合,在中高端消费、创新引领、绿色低碳、共享经济、现代供应链、人力资本服务等领域培育新的增长点,形成多元化的产业体系。

② 加强人才培养和引进:人才是推动产业发展的关键因素,要加大对人才的培养和引进力度,吸引更多的高素质人才到县城工作和生活,为县城产业的发展提供智力支持。

③ 推进产城融合:要注重产城融合发展,将产业发展和城市建设有机结合,实现产业和城市的良性互动;要完善城市基础设施和公共服务设施,提高城市品质和生活质量。

④ 创新体制机制:要创新体制机制,打破制约县城产业发展的体制机制障碍,为县城产业发展提供制度保障;要鼓励社会资本参与县城建设和发展,激发市场活力。

总之,提升县城产业层级是打造县域发展高地的重要途径。在这个过程中,政府要注重产业结构优化、人才培养和引进、产城融合发展以及体制机制创新等方面的工作。只有这样,才能充分发挥县城产业在县域产业发展中的引擎作用,推动县域经济实现高质量发展。

其次,要通过优化县城基础设施和公共服务提升县城承载力。县城是县域人口重要聚集地。优越的基础设施和公共服务是增强县城吸引力的重要基础因素。然而,受制于资源环境、制度安排和资金投入等方面的约束,当前我国许多县城仍面临着基础设施建设相对滞后、公共服务能力不足等发展困境。一要进一步提升县城基础设施的质量和水平。县城人口的不断集聚,对县城基础设施的承载力提出更高要求。县城的发展必须适应这一要求,着眼于缩小与附近发达大中城市基础设施方面的差距,不断加大对市政管网基础设施、教育医疗基础设施、休闲娱乐基础设施等的投资建设力度,适应群众对绿色低碳生活的需求,加强城市设计和风貌管护,推进生产生活低碳化。二要不断提升县城公共服务的质量和水平。人们对美好生活的需求升级,对县城公共服务的质量和水平也提出更高要求。与大中城市相比,县城的教育和医疗服务水平明显不足,这也是导致县城人口不断流向大中城市的重要原因。因此,政府要通过推进县城有机更新,提升县城的发展韧性,增强县城公共服务能力。此外,政府要打造政府引领下的各市场主体共同参与的县城建设机制,通过齐心协力推进县城公共服务和营商环境建设,更好发挥县城连接城市、服务乡村的作用。

最后,县城的发展必须依靠全县人民凝心聚力,通过要素激活和人口集聚增强县城的内生动力。由于不同县城的资源禀赋不同,立足本地优势实现错位发展才能走出一条独具特色之路。

对于区位优越、交通发达、资源又相对丰富的县城,政府要支持其发展特色产业、培育支柱产业,以先进制造业、商贸流通业和现代物流业为发展方向,积极融入周边城市群,如引导企业加强技术创新和品牌建设、提高产品质量和附加值、推动产业升级和转型;要加强城市规划和基础设施建设,提高城市品质和生活质量,吸引更多人才和企业入驻。

对于紧靠大城市、位于都市圈范围内的县城,政府要积极承接大城市产业、人口及公共资源等方面的转移,大力发展交通事业,努力使县城成为与邻近大城市交通联结、功能互补、产业配套的卫星县城;可以加强与大城市的交通联系,建设快速通道和轨道交通等交通基础设施,提高通勤效率和便捷性;可以发展与大城市功能互补的产业,如文化旅游、生态农业等,吸引大城市居民前来消费和休闲。

3. 以机制完善确保村民利益共享

村民公平公正共享乡村发展成果,是调动村民参与乡村治理积极性的最大动力。由于信息不对称以及权力寻租等原因,现实中村民实现利益共享存在诸多障碍。政府必须通过建立完善长效机制确保村民利益共享。

诸暨市打造爱心食堂长效机制

(一)案例背景

诸暨市为浙江省辖县级市,由绍兴市代管,位于浙江省中部偏东北、绍兴市西南部,全市面积为 2311 km^2,现辖 5 个街道、18 个乡镇、553 个村居。2021 年,诸暨市实现生产总值 1546.6 亿元,同比增长 9.8%,五年年均增长6.9%。在2021年全国综合实力百强县中,诸暨市位列第13位。根据第七次人口普查数据,截至2020年11月1日0时,诸暨常住人口为1218072人,其中60周岁以上的老年人有28.81万,占比为23.7%,高于浙江省平均水平3.17%。按照国际标准,社会人群中60岁以上人口占总人口的比例达到10%,或65岁以上人口占比达到7%,即为老龄化社会。诸暨市的老龄化程度已经远远超过国际标准。五年来,诸暨老年人口数正以5%的增长率进入快速增长期,老龄化问题已然成为亟须高度重视的社会问题。"民以食为天",在年轻人普遍外出务工的当下,留守在家的老年人的吃饭问题成了老大难。作为浙江省共同富裕示范区建设"打造精神文明高地"领域试点,诸暨市高度重视农村(社区)老年人的吃饭难问题,通过总结基层创新做法,适时推出爱心食堂,并通过项目式运作,着手打造长效机制,为爱心食堂固本强基。2022年8月,诸暨市村(社)爱心食堂项目入选首批15个"浙江有礼"省域文明新实践为民办实事项目;2022年10月,CCTV-13《朝闻天下》栏目特别关注了诸暨开办爱心食堂,采取"五个一点"的运营模式,让农村老人吃上现成饭的事迹;2022年10月12日,浙江日报专版刊发《记者在诸暨爱心食堂当志愿者,这里的老人们——一口现成饭 吃出幸福味》,点赞诸暨爱心食堂;2022年11月,诸暨爱心食堂项目入选绍兴市"社会主义先进文化发展先行示范"名单。此外,诸暨市爱心食堂相关经验在中宣部简报、浙江社科要报上刊发,受到省委主要领导批示肯定,收录省文明办实践案例汇编,在新华社、半月谈、高管信息、浙江日报、浙江卫视新闻联播等央媒省媒中多次报道。

(二)基本做法

自2021年首家爱心食堂开业以来,诸暨市目前已经有150余家爱心食堂在运营。一开始,爱心食堂的资金主要来源于村民、乡贤及企业的捐赠,但随着时间的推移,诸暨市爱心食堂普遍遇到资金难题,尤其是受疫情影响,人工成本和食材成本都不断上升,依靠并不固定的捐赠资金来维持爱心食堂的长效运营变得越来越困难。能否有效解决运营经费紧缺难题,成为决定爱心食堂能不能长久运行下去的关键。一方面,老年人对爱心食堂越来越认可,越来越喜欢;另一方面,运营经费紧缺导致爱心食堂面临随时可能关门的窘境。诸暨市委市政府的态度非常鲜明,就是爱心食堂不但要做下去,而且要做大做强,做成诸暨市农村(社区)养老服务的一张金名片。因此,诸暨市先后多次召开爱心食堂建设推进会,市委主要领导出席推进会并就如何建好爱心食堂长效机制做出统一部署,要求确保到 2023 年老年食堂覆盖全市 60% 以上的村(社区);诸暨市政协组织委员深入村(社区),依托"请你来协商"平台,围绕如何建立健全爱心食堂长效运营机制广泛征求意见、建议,并在此基础上提出具体对策供有关领导参阅。最终,诸暨市通过创新"一个框架统、一核多点建、一套规范运、一张网络管、一组保障护"的顶层架构,构建"个人出一点、基金捐一点、政府补一点、志愿帮一点、经营筹一点"的筹资模式,融入"爱心食堂·共享五福"文明实践多跨服务,形成爱心食堂长效运行体系。

　　一是构建"五位一体"顶层架构。坚持"一个框架统、一核多点建、一套规范运、一张网络管、一组保障护",推动食堂持续健康发展。注重"一个框架统":市级出台建设实施意见、鼓励扶持办法、运营管理细则、"共享五福"实施方案等文件规范,确立爱心食堂"四梁八柱"。推行"一核多点建":各行政村按照"1 个中央厨房+N 个助餐点"一体设计、一体建设的要求,将供餐服务辐射到每个自然村,形成"15 分钟居家养老就餐服务圈"。实施"一套规范运":组建"管家-理事-监事"运营团队,规范财务收支、社会捐赠、志愿服务"三本账册",实行村民微信群、村务公开栏、村民大会"三公开",提升食堂运行质效。落实"一张网络管":线上依托"基层治理四平台"建立数字模块,实现实时监管,线下按照食品安全技术标准定期检查、跟踪反馈、培训整改,压实全程监管链条。落实"一组保障护":办齐场所险、志愿意外险、餐饮许可证等"两险一证",守住安全底线。

　　二是畅通"五个一点"筹资渠道。通过"个人出一点、基金捐一点、政府补一点、志愿帮一点、经营筹一点",为爱心食堂提供源源不断的资金保障。"个人出一点":通过出台全市指导价,按照年龄实施梯次收费,根据市场需求,按照市场价向社会开放供餐。"基金捐一点":利用村村建立的、规模近 2 亿元、余额 8600 万元的关爱基金作为运行兜底保障。

"政府补一点"：一是政府按照平均分配、先进优先原则，将"慈善一日捐"结余资金拨至爱心食堂辐射村社，除东和乡和陈宅镇各村、社适当调高外，其余村、社平均每家获得3.8万元奖补；二是政府统筹全市5000万元民政居家养老专项经费，给予爱心食堂一次性建设和运营奖补经费，根据已建成爱心食堂的实际建设投入，市财政给予每家最高不超过10万元的建设奖补，对建成时间早、建设标准高、覆盖范围广、配餐人数多、先进带头作用强的示范型"爱心食堂"通过"一事一议"酌情提高奖补标准。"志愿帮一点"：大力发展爱心厨师、爱心帮工、爱心送餐员等志愿队伍，集成爱心菜地、爱心鱼塘、爱心菜篮等爱心资源，帮助食堂减轻运营压力。"经营筹一点"：利用资源优势、产业优势、社群优势，通过提供游客餐、员工餐、特色餐等激发自我造血功能，推动食堂运营"源头有活水"。

三是创新"五福共享"服务场景。诸暨市围绕打造"一站式"养老综合体，在各村(社)爱心食堂增设医疗室、服务室、休闲室、阅览室、健身室等多功能场所，集成市镇村三级志愿力量，发挥文明实践所站、镇街社工站优势，着眼老年人多元小需求、民生小难题。市级主动下沉开展理论宣讲、健康义诊、光影点心、戏曲大餐等"专家式"送福，镇村邻里互助开展便民服务、传统节庆、集体生日等"走亲式"送福。爱心食堂成为富有"人情味""温暖感"的共同空间。

（三）取得成效

一是广覆盖、众受益，提升了群众获得感。到2022年10月，诸暨市已建成爱心食堂150家，服务217个村的6900余名老人，覆盖57.9%的村社，2023年预计将达到70%。爱心食堂从"如何让老人吃上一口热饭"这一关键小事破题起步，打通在共同富裕中发展不平衡不充分的毛细血管，让越来越多人"吃好饭"的共同富裕幸福图景真实可感。

二是小爱心、众志愿，涵养了时代新风尚。诸暨市爱心食堂在惠及广大老年人的同时，也充分调动起社会各界爱心人士、公益团体的积极性，传递了爱心、汇聚了力量、改善了村风民风，为诸暨市精神文明高地建设打下坚实基础。

三是小切口、大牵引，探索了文明共富路。爱心食堂聚焦"建管用育"全过程，把基层党建、新时代文明实践、农村养老服务等有效激活、联动起来,形成了相对完善的制度框架和长效体系,在走向共同富裕这一宏大场景下发挥了牵一发而动全身的作用。

(四)经验启示

诸暨市创立爱心食堂长效体系的做法,给我们如下经验启示。

(1)党委政府支持是爱心食堂长效体系得以创立的关键。在诸暨市爱心食堂长效体系创立的过程中,诸暨市委市政府始终高度重视,市委主要领导出席爱心食堂建设推进会并就爱心食堂长效体系建设做出明确部署;各级各部门都把爱心食堂建设作为一项民生大事抓实抓细;市政协副主席带领政协委员问计于民;市级财政每年拿出5000万元专项资金扶持爱心食堂发展。正是因为党委政府的关心与支持,诸暨市爱心食堂才能从无到有、从弱到强,并逐步建立完善长效体系,真正解决了老年人舌尖上的难题,消除了年轻人在外工作的后顾之忧。

(2)群众积极参与是爱心食堂长效体系得以创立的动力。在诸暨市爱心食堂由少到多、由弱到强的发展过程中,志愿者、乡贤、企业、村(居)民广泛参与,有钱的出钱,有力的出力,为爱心食堂的发展壮大注入强大动力。截至目前,诸暨市爱心食堂共收到各类定向捐赠1780余万元,招募志愿者3200余名。

(3)坚持系统观念是爱心食堂长效体系得以创立的根本。习近平总书记在党的二十大报告中明确要求"坚持系统观念"。爱心食堂虽小,却在共富体系建设中"牵一发而动全身"。在爱心食堂发展过程中,诸暨市始终"坚持系统观念",把爱心食堂建成集饮食、医疗、服务、休闲、阅览、健身等诸多功能于一体的场所,实现了基层党建、新时代文明实践、农村养老服务等的有机融合、联动发展,进而为爱心食堂长效体制的创立与完善夯实了根基。

一要建立完善信息共享机制。乡村治理的最终目的是满足村民对美好生活的追求和向往。因此,建立双向畅通的信息沟通渠道,及时了解和掌握村民的利益诉求,把关系村民利益的大事要事及时通知村民,是确保村民利益共享的前提和基础。村庄要加大村级信息公开力度,让村民第一时间知晓村庄大事要事。村庄要运用好数字技术,增强信息公开的速度和广度。对一些行动不便的老年人及其他弱势群体,村庄要本着"以人民为中心的理念",通过村干部登门拜访等形式,亲自把信息传达给他们,并倾听他们对乡村治理的意见、建议。村庄要完善村民诉求反馈机制,要第一时间解决村民提出的合理诉求,并及时将处理结果反馈给相关村民。村庄可借助数字赋能,建立村民诉求传递和反馈的数字化信息平台,引入上级监督机制,促使村干部及时了解和反馈村民利益诉求。例如,浙江省诸暨市通过"浙里兴村治社"这一数字化治理平台,专门建立村民诉求表达通道,由县级纪委和组织部对村民诉求处理过程进行全程监督,有效保障了村民利益诉求的反馈速度和质量。

二要建立完善村民利益共享内外监督机制。村民利益共享仅靠内部监督或外部监督,都难以确保成效。只有建立内外监督并举的长效监督机制,才能确保村民利益共享的真正公平公正。

(1)为村民主动监督提供条件。农村是个"熟人社会",人情、面子等因素影响村民参与监督的积极性。有些村庄的村干部,尤其是村书记有较高的权威,一般村民难以与其公平对话,不敢对其进行监督。因此,村庄要通过设立监督举报平台、公开监督电话等,为村民主动参与监督提供便利;要设立严格的举报保密制度,确保村民能监督、敢监督,对打击报复村民的村干部依法依纪给予严肃处理。

(2)发挥村民监督委员会的作用。村民监督委员会是村民监督村务的重要载体。为充分发挥其作用,村庄要加强村民监督委员会队伍建设,把返乡就业大学生、返乡创业乡贤纳入村民监督委员会队伍,发挥其见多识广的优势,推进村务监督时代化;要挑选部分政治立场坚定、为民服务意识强的离职村干部加入村民监督委员会,充分发挥其对乡村治理环节和流程熟悉的优势,及时发现和解决问题;要注重把握好村民监督委员会成员的广泛覆盖性,防止形成利益共谋、产生新的不公平。

(3)建立完善外部监督制度。村庄要建立以内部监督为核心、外部监督为保障的村民利益共享监督机制。村庄要用好纪检监察制度,对损害村民利益的违纪违法行为进行坚决打击;发挥宣传舆论媒体的监督作用,让村民利益的蛀虫无处遁形;鼓励社会各界参与村级利益共享监督,形成全社会关心支持乡村发展的强大合力。

四、以协商民主促村民参与

习近平总书记指出,"涉及人民群众利益的大量决策和工作,主要发生在基层。要按照协商于民、协商为民的要求,大力发展基层协商民主,重点在基层群众中开展协商","凡是涉及群众切身利益的决策都要充分听取群众意见,通过各种方式,在各个层级、各个方面同群众进行协商"①。要维护好、实现好广大村民的利益,促进村民参与乡村治理,就必须贯彻落实好习近平总书记的要求,大力发展村级协商民主。

(一)村级协商民主对促进村民参与的价值

党的二十大报告立足新时代、新征程,对"全面发展协商民主"做了重要部署,强调"协商民主是实践全过程人民民主的重要形式",要"健全各种制度化协商平台,推进协商民主广泛多层制度化发展"。村级协商民主是指在中国共产党的领导下,以村民为主体,对涉及村民政治利益、经济利益等问题进行协商讨论,使村民能够公开、平等地参与农村公共事务决策和农村治理的一种基层民主政治实践,是一种多元主体参与下的利益协调机制②。作为中国民主政治在农村最广泛的实践,村级协商民主对于解决乡村治理面临的日益复杂的矛盾和问题具有重要意义。21世纪以来,农村基层协商民主异军突起,在各地都涌现出一些典型做法,如兴起于浙江温岭的"民主恳谈会制度"、起源于河南邓州的"四议两公开制度"、创始于诸暨市枫源村的"三上三下"民主治村制度等。作为村民参与乡村治理的重要载体,充分认识村级协商民主的重要价值,结合变化发展的实际不断对其发展完善,对于推进乡村全面振兴具有深远意义。

村级协商民主的诞生,可以追溯到改革开放初期。随着农村家庭联产承包责任制的推行,农民的自主性得到了极大的释放,他们开始更加积极地参与村庄事务的管理和决策。然而,由于历史原因和现实条件的限制,村民之

---

① 习近平.习近平著作选读.第一卷[M].北京:人民出版社,2023:275.
② 董红,王有强.农村基层协商民主的困境与对策[J].西北农林科技大学学报(社会科学版),2021,21(02):57-63.

间、村民与村干部之间的矛盾和纷争时有发生。为了解决这些问题,一些有远见的村干部开始尝试引入协商民主的方式,让村民通过平等、自由、公正的对话达成共识、解决问题。开始时,协商的内容主要集中在农业生产、水利建设等传统领域。随着时间的推移,协商的议题逐渐扩展到环境保护、土地流转、集体经济发展等方面。在协商的过程中,村民不仅能够表达自己的意见和诉求,而且能够了解其他人的观点和立场,从而更好地进行权衡和抉择。同时,协商民主的方式能够有效地化解矛盾和纷争,增强村民之间的团结和信任。村级协商民主的价值主要体现在以下几个方面。

首先,村级协商民主能够有效激发村民参与村庄公共事务的积极性。随着乡村振兴战略的深入实施,我国农村面临越来越多矛盾和问题,上级政府和村集体之间、村集体和村民之间、村民和村民之间、外来投资者和村集体以及村民之间都存在着复杂多变的利益矛盾和冲突。这些矛盾和冲突最终的利益指向其实都是村民。在传统的乡村治理中,村民往往是被动的接受者,对于村庄公共事务的参与度很低。村级协商民主的一个首要特征便是参与主体的广泛性和包容性,无论是谁,只要是利益相关方,都可以参与协商,而且所有参与主体都是平等的,没有尊卑贵贱之分,都有平等发表意见的权利。这对于保障处于弱势地位的普通村民的权益具有重要意义,这种方式不仅能够让村民更加了解村庄公共事务的情况,提高他们的关注度,而且能够激发他们的参与热情,提高他们的参与度。

其次,村级协商民主能够培育村民理性参与村庄公共事务的价值观念。村级协商民主遵循程序的严密性,"程序是规则的规则",村级协商民主运行的过程,也就是按照相应规则和步骤完成相关行为的过程。在这一过程中,村民不仅能够体验按程序和规则办事给村庄发展和自身利益带来的好处,而且能够在潜移默化中培养起理性参与村庄公共事务的习惯和思维,从而为村民依法依规参与乡村公共事务打下坚实的思想基础。

最后,村级协商民主有助于促进村庄内部的和谐与稳定。稳定是发展的前提,没有一个稳定和谐的社会环境,乡村振兴战略便难以有效推进。随着现代化的嵌入,乡村社会结构和利益格局都发生了深刻调整,影响乡村和谐稳定的因素也越来越复杂。比如,面对村民更加多样化的利益诉求,如何通过正确引导,使之不朝着引发矛盾冲突的方向发展,成为考验执政能力的现实问题。村级协商民主为解决这一问题提供了契机。在协商过程中,不同的意见和利益诉求可以得到充分表达和交流,这有助于化解矛盾和纠纷,增强村民之间的互信和合作。同时,通过协商的方式达成共识,也能够使决策更加公正和合理,减少执行过程中的阻力,从而促进村庄内部的和谐与稳定。

诸暨市枫源村创新基层民主、深化议事协商制度的实践

党的二十大报告指出:"基层民主是全过程人民民主的重要体现。健全基层党组织领导的基层群众自治机制,加强基层组织建设,完善基层直接民主制度体系和工作体系,增强城乡社区群众自我管理、自我服务、自我教育、自我监督的实效。完善办事公开制度,拓宽基层各类群体有序参与基层治理渠道,保障人民依法管理基层公共事务和公益事业。"诸暨市枫源村自2012年以来,在坚决执行"五议两公开"制度的基础上,更加注重群众全程参与,干群双向互动,工作形成闭环,创新形成以"三上三下三公开"和"问议办评四事法"为核心的议事协商制度,取得明显成效。2021年,枫源村被列为民政部全国村级议事协商试点单位。枫源村的创新实践,为在乡村基层实现好、发展好全过程人民民主积累了宝贵经验,提供了有益借鉴。

一、枫源村基层民主发展的基本做法

(一)村级事项分类协商——解决协商什么的问题

村级事务繁杂无序,如何才能运用不同的民主实现形式处理不同的村庄事务,是摆在村两委面前的一个难题。枫源村聚焦村庄发展和群众关切,把村庄最重要、最直接和村民最关心、最现实的利益问题分为六类,分别是上级决策落地、公益民生实事、村庄经营发展、重点工程实施、群众急难愁盼、其他必要事项。这一分类方式为基层民主制度的创新打下坚实基础。

(二)协商主体分类动员——解决谁来协商的问题

(1)党员群众日常参与。全村120名党员、50名村民代表、百余名村民共同参与村级公共事务和村民切身利益重大事项的协商解决。

(2)网格力量随时参与。配齐配强"1+3+N"基层治理力量,选优配强网格长、专兼职网格员、网格指导员以及微网格成员等39名网格团队成员,积极参与民情民意收集、议事协商等工作。

(3) 社会组织定向参与。枫源村在全镇率先建立村级社会组织"5＋X"标准化体系("5"即乡贤参事议事会、乡风文明理事会、志愿服务会等五类基础型社会组织,"X"即个性化社会组织),成立乡贤参事议事会、邻里纠纷调解会等议事协商社会组织6个,20余名骨干力量参与村级建设、矛盾调解等事务,各展所长。

(4) 特殊群体精准参与。发挥20名威望高、办事公道的老党员、老干部,3名党代表,3名人大代表,1名政协委员,18名乡贤,1名农村法律顾问,15名"四大员",5名清廉建设顾问团成员的作用,精准对接群众急难愁盼问题,聚力保障和改善民生。

(三) 协商制度分类制定——解决如何协商的问题

枫源村针对不同事项制定了不同的协商议事制度。村级重大事项通过"三上三下三公开"制度来解决,如图6-2所示。"三上三下",即收集议题环节群众意见上、干部征求下,酝酿方案环节初步方案上、民主恳谈下,审议决策环节党员审议上、代表决策下。"三公开",即在"三上三下"的同时,做到表决结果当场公开、实施方案及时公开、实施进度和满意度测评情况及时公开。

例如,2022年6月,枫源村被列入浙江省水系联通及水美乡村建设试点。在项目开展之前,一些住在江两岸的村民认为这一工程会导致自家地块被淹,因此坚决不同意开工建设,并想尽各种办法予以阻挠。为加速水系联通工程建设进程、助推水美乡村建设,镇农办、设计单位、建设单位、村两委、村监委、村民代表、党员代表、乡贤代表等借助"三上三下三公开"民主治村机制多次开展议事协商,充分听取村民的意见、建议,制订了可行方案予以解决。

(1) 收集议题,聚焦村情民意。按照广泛协商、依法协商、民主协商的原则,重点聚焦村民关心的热点难点问题,展开热烈讨论。为了更好地了解工程周边村民的想法、提前收集他们的诉求、第一时间发现问题,村两委干部及网格员分组入户走访,主要对江两岸土地涉及的村民、党员、村民代表等进行意见、建议的收集。在走访过程中,他们了解到了村民的真实想法:部分村民不认可堰坝的新建方案,认为维修就可以解决,

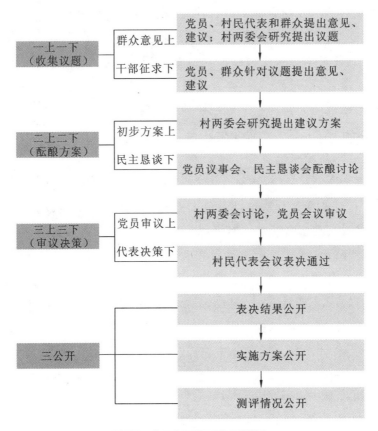

图 6-2 "三上三下三公开"制度

没有必要大动土木影响他们的生活;部分村民对于堰坝修建过程中的土地征用金额不满意、土地征用面积有疑问;部分村民提出自己的土地也会因建设施工受到影响,要求一并进行征用。

(2)酝酿方案,召集多方参与。无调研不协商,高质量的协商是在充分调研、充分了解的基础上进行的。在前期调研的基础上,村两委把村民的担忧和疑惑进行整理后,汇总为五大类问题,包括工程该不该建、建设方案利益均衡、政策补偿公正分配、土地权属纠纷、工程管理监督。村两委根据群众反映强烈的问题,与枫桥镇、设计单位、施工单位等进行反复协商,得出了初步修改的建设方案。

(3)问道专家,寻求专业解决。为彻底打消村民的疑虑,枫源村召开民主恳谈会,邀请所在乡镇、设计单位、党员、村民代表、乡贤以及相关村民一同参与方案会商。通过一轮轮协商、一次次解答、一步步完善方案,最终双方均得到了满意的答复。特别是在方案的修改中,针对村民的担忧,设计单位从堰坝位置的微调、堰坝高度调整等多个方案中最终选择在堰坝的一侧新增一个泄洪道,有效解决了洪水来时水位过高造成周边田地被淹的问题。通过一次次会商和修改,村民的意见、建议都得到了及时回应,最终方案在党员大会、村民代表大会上表决通过并在公示栏公开,接受村民监督。

(4)强化监督,村民全程参与。对于村民提出的工程监督管理的问题,在村级监察工作联络站监督的基础上,聘请3名监督信息员和5名清廉建设顾问团成员对工程质量和工程进展进行实时监督,保障工程保质保量按时完成。同时邀请村民通过现场巡查等形式进行实时监督,发现问题及时解决。

村级一般事项通过"问议办评四事法"来解决。定期问事:村民申请、受理登记、分析研究、公开内容。开放议事:定期议事、听取意见、释疑解惑、承诺办事。规范办事:认真会商、规范程序、加强监督、落实办理。民主评事:一事一档、按时通报、民主评议、务求实效。

(四)协商过程分类监督——解决怎么监督的问题

(1)实施事项办理全程监督。聘请3名监督信息员和5名清廉建设顾问团成员,构建"村级监察工作联络站+监督信息员(清廉建设顾问团)+群众监督"的监督网络,不断整合监督力量,实现事前决策监督、事中跟踪监督、事后检查监督,让议事协商有迹可循。

(2)确保村级事务有法可依。落实村法律顾问"六个一"制度,每月一次下村服务、每季度一次法制讲座、每季度一次村务法律审查、每年一次免费诉讼服务、每年一份村"法治"提升建议报告、每年一卷村法治档案,让议事协商有法可依,把法制监督贯穿始终。

二、枫源村基层民主发展的主要成效

(一)有力保障了主体权利

村民是乡村振兴的主体,是村级基层民主发展的动力源泉。枫源村通过建立"三上三下三公开"制度和"问议办评四事法",打通了村民参与村级事务的"任督二脉",引来了村级基层民主发展的"源头活水",真正做到了协商主体全流程参与、协商过程全流程体现、结果落实全流程监督,将村民参与村级事务处置的积极性和主动性充分调动起来,使参与率从最初的不到15%上升到超过50%。用村书记的话说就是,"村民的气顺了,村里的矛盾少了,信访的更是没有了"。枫源村已经连续十几年保持零上访的记录。

(二)有序推进了民生实事

建立实施议事协商制度后,枫源村许多难办的事好办了,一些无法办成的事办成了。原先一直停滞不前的废弃矿山盘活、高标准农田建设、公墓扩建修建、道路填补修整等民生实事项目得以顺利推进,村庄发展环境和居住环境得到极大改善,老百姓对村两委和村庄发展的满意度上升到90%以上。

(三)有效促进了共富进程

枫源村基层民主的发展在促进了村庄善治的同时,也有效推动了村庄的共同富裕进程。心齐气顺的枫源村民,在村两委的带领下,先后推动落实了靖韵山庄、兰花基地、共富工坊等一大批项目的落地实施,使村庄顺利通过了乡村振兴先行村的验收,逐步实现了"经验变经济、田园变花园、资源变资产、农民变股民、离乡变返乡、个富变共富"的六大转变。

三、枫源村基层民主发展的重要启示

(一)基层民主发展必须坚持党的领导这个前提

"党政军民学,东西南北中,党是领导一切的。"全过程人民民主是党领导下的民主,基层民主的一切创新都必须以坚持党的领导为根本前提,都必须有利于巩固和实现党的领导。枫源村的实践表明,只有坚持党的领导,基层民主的创新才能有实招、见实效,人民群众的民主权利才能得到根本保障,人民群众的根本利益才能真正实现。

(二)基层民主发展必须抓牢群众主体这个根本

人民群众是推动历史发展的根本动力,是基层民主发展的主体和主人。在推动基层民主发展的过程中,要立足"人民至上"这个习近平新时代中国特色社会主义思想的根本世界观和方法论,着眼于激发群众的积极性和主动性,不断创新群众参与基层民主的载体和方法,让民主成为群众的便利体验、变为群众的自觉行为。

（三）基层民主发展必须紧盯群众利益这个关键

马克思说:"人们奋斗所争取的一切,都与他们的利益有关。"发展基层民主的根本目的是实现好、发展好、维护好群众的根本利益。因此,必须把群众根本利益作为制定民主政策的前提,将一切制度和流程都紧紧围绕群众的根本利益,把群众需要作为基层民主发展的根本努力方向,把群众满意作为基层民主发展的根本评判标准。

（二）推进村级协商民主建设的困境与对策

1. 推进村级协商民主建设的困境

村级协商民主的深入推进,对于促进村民参与乡村治理具有重要意义,但在深入推进的过程中还面临一些困境。

一是村民参与协商民主的能力较弱。村民是村级协商民主的重要主体,其参与程度对于村级协商民主的成效起着决定性的作用。这种参与程度又受到村民自身参与村级协商民主的能力与水平的影响,如村民的认知能力、表达能力、组织能力。村民如果缺乏这些能力,就难以有效地参与村级协商民主,从而影响协商民主的成效。此外,如果村民参与了但不能充分运用这一协商形式解决自身及群体所面临的问题、争取和维护自身及群体权益,那么这种参与对村民而言是没有多少意义的,这对整个村级协商民主的发展也很不利。随着经济社会发展,农村文化程度较高、协商参与能力较强的中青年群体大都离开村庄发展了,留守在农村的多为老人及妇女儿童。他们的文化程度普遍较低,对村级协商民主的认识不够,参与的能力不足,表现为发言较少或几乎不发言,不能准确表达自己的意见、建议,根本不知道如何通过协商来维护自身权益。调查显示,60%的人没有在村级协商民主会议上发过言,30%的人很少发言,两项合计高达90%。这种情况的出现与不善于表达、不会表达、不懂得如何参与协商有关。

二是村干部组织协商的能力不强。村民参与协商民主的积极性与村干部在协商民主过程中的组织能力有着密切的关系。一个有能力的村干部能够有效地组织村民参与协商,提高村民的参与度和满意度,从而增强村民对协商民主的信任和支持。首先,一个有能力的村干部能够深入了解村民的需求和关切、听取各方面的意见和建议,从而制定出符合实际情况的协商议程。这样的议程能够更好地反映村民的意愿、提高村民的满意度和参与度。其次,一个有能力的村干部能够妥善处理协商过程中出现的分歧和矛盾,以客观公正的态度对待各种意见和建议,尊重各方的利益诉求,寻求共识和妥协;能够及时化解矛盾和纷争,确保协商过程顺利进行。最后,一个有能力的村干部能够积极引导和推动村民参与协商结果的落实,确保协商结果真正落地生根。目前,村干部对协商民主认识不到位、组织能力不强是普遍现象。部分村干部把协商民主理解为简单的开会通气,会前不征集议题,在整个会议过程中缺少贯彻落实民主集中制的意识和能力,简单通报而后自己总结一下,会后不反馈结果。村民在整个过程中没有机会陈述自己的意见、建议,或者表达了意见、建议也没有任何作用。这在一定程度上打击了村民参与村级协商民主的积极性。

三是不同协商主体难以形成合作共识。村级协商民主是一个多元主体共同参与的民主形式,包括村干部、普通村民、乡贤、社会组织、村庄运营公司等。在协商过程中,由于各自利益诉求的张力制约,这些主体很难就同一议题达成一致意见。首先,村干部和普通村民的利益诉求存在张力。村干部往往更关注村庄的长期发展,普通村民则更关注自身的短期利益。因此,在协商过程中,村干部可能会提出一些需要长期投入和付出的议题,普通村民则可能对这些议题持怀疑态度,不愿意参与其中。其次,乡贤和社会组织在协商中也有各自的利益诉求。乡贤通常更关注传统文化的保护和传承,社会组织则更关注社会公益和公平正义。在协商过程中,如果议题与他们的利益诉求不符,他们可能会持保留态度或者不积极参与。最后,村庄运营公司通常更关注经济效益和商业利益。在协商过程中,如果议题与他们的商业利益冲突,他们可能会提出反对意见或者不配合协商。总之,村级协商民主中不同协商主体的利益诉求张力导致难以形成合作共识。

四是程序理性与程序低效的现象并存。程序理性,也被称为程序公正或程序公平,是一个重要的概念,尤其在法律、政治和决策制定等领域中。程序理性强调在决策过程中应遵循一系列公正、合理和透明的规则和程序,以确保决策的公正性和合理性。程序低效,简单来说,是指由于过度重视程序公平公正而导致的效率低下。在很多情况下,为了实现公平,我们必须牺牲一定的效率。然而,当这种牺牲超过了一定的限度时,就会带来程序低效。目前,在各级党委政府的重视下,我国村级协商民主的程序已经较为完善,基本按照有场所、有设施、有制度、有活动、有档案的"五有"要求进行系统化设计,遵循提出议题、审查议题、召开会议、督促落实、结果公示、备案归档"六步工作法",并针对每个环节设定具体工作流程规范进行标准化建设。这种程序理性并不必然带来高效的协商民主。由于过度重视程序理性而忽视每个环节的实质性效能提升,这种程序理性带来的程序低效同样需要引起足够重视。作者曾经参与过一个村庄的民主协商会议,从程序方面来看可谓完整无缺,但最后协商的结果却不如人意,整个会议几乎变成村书记的一言堂。

五是村级协商民主监督与反馈机制不完善。村级协商民主结果是否得到高效落实,是检验村级协商民主成效的最根本标准。但在目前村级协商民主实施的过程中,监督机制缺失或名存实亡的现象一定程度存在。虽然制度规定村监会为村级协商民主的监督主体,但事实上,因人情、村书记个人权威等多方面原因,村监会并不能真正起到制度设计的监督作用。此外,村级协商民主的结果需要建立有效的反馈机制,才能让参与者满意。在村级协商民主实践中,协商结果的反馈不及时是一个较为突出的问题。除了村干部群体之外,其他群体很难第一时间知道协商的结果,普通村民更少有渠道了解具体情况。作为一种重要的民主形式,协商民主的核心在于通过平等、自由的讨论和协商,达成共识,推动决策的科学化和民主化。然而,如果协商结果的反馈不及时,这种民主形式的实际效果就会大打折扣。首先,协商结果的不及时反馈,会导致村民对协商民主的信任度降低。村民参与村级协商的目的是表达自己的意见和诉求,希望能够对决策产生影响。如果无法及时了解协商结果,村民就会产生一种被忽视、被遗忘的感觉,对协商民主的信任度自然会降低。其次,协商结果反馈得不及时会影响协商的质量和效果。在协商过程中,参与者需要了解其他人的观点和意见,以便更好地表达自己的诉求和提出建设性的建议。如果协商结果没有及时反馈,参与者就无法了解对方的立场和诉求,也就无法开展进一步的沟通和协商。

2. 推进村级协商民主促进村民参与的对策

党的二十大报告指出:"协商民主是实践全过程人民民主的重要形式。

完善协商民主体系,统筹推进政党协商、人大协商、政府协商、政协协商、人民团体协商、基层协商以及社会组织协商,健全各种制度化协商平台,推进协商民主广泛多层制度化发展。"村级协商民主是基层协商民主的重要组成部分,是全过程人民民主在乡村的生动体现。当前,村级协商民主面临的诸多现实困境,限制了村级协商民主的纵深发展,影响了村民参与乡村治理的积极性和成效。因此,应在全过程人民民主理念指引下,本着更好发挥村民主体性的原则,从主体能力增强、合作水平提升、协商机制健全和协商文化厚植四个方面,不断推进村级协商民主建设。

(1) 要以增强村民参与能力促进村级协商民主发展。

一要加强宣传教育,提升村民的认知水平。知其然才能知其所以然,政府要以群众喜闻乐见的形式加强村级协商民主相关制度法规和理念的宣传教育,运用好抖音短视频、地方戏曲、微信群、电视剧等,通过潜移默化的教育引导,使村干部和村民的协商民主意识不断增强,尤其要注重在协商民主实践中教育引导群众,如在某一关乎大多数村民利益的协商民主过程中,借机宣传普及协商民主的相关理念和知识。此外,政府要把协商民主理念和知识的宣传教育落实到中小学课程中,通过教师的言传身教,让孩子从青少年时期就牢固树立协商民主的理念,为将来参与协商民主打下坚实基础。

二要设立专家指导制度,增强村民的参与能力。为了推进村级协商民主的深入发展,政府可以牵头组建村级协商民主专家顾问团。这个专家顾问团由各领域的专家组成,具备丰富的专业知识和实践经验,可以为村级协商民主提供全方位的评估和指导。在每次村级协商民主会议召开前,专家顾问团会组织专家进村,对会议的筹备、议题的选择、协商的方式等进行事前评估。他们会对可能出现的问题进行预测并提出相应的解决方案。这样能够确保会议的顺利进行,提高协商的质量和效率。在会议进行过程中,专家顾问团也会到场进行事中指导。他们会对协商的进程进行监督,确保各方能够平等参与、充分表达,及时发现并解决出现的问题。同时,他们会对协商的结果进行评估,确保其合法性、合理性和可行性。会议结束后,专家顾问团会对整个协商过程进行事后评估。他们会对协商的结果进行跟踪调查,了解其实施情况并及时反馈给相关机构。如果发现存在不合规的地方,他们会及时指出并督促改正。除了在协商会议中发挥作用,专家顾问团还可以通过多种形式来教育引导群众不断增强协商民主意识;组织专家讲座,向村民普及协商民主的基本理念和实践方法;结合具体案例,让村民了解协商民主在解决实际问题中的作用;设立专家热线,为村民提供实时咨询和解答服务;组建微信群等交流平台,促进村民之间的交流和互动。此外,为了更好地发挥专家顾问团的作用,政府可以制定相应的政策和制度,为专家顾问团的工作提供保障和支持:可以设立专项资金,为专家顾问团提供必要的经费支持;可以建立考核机制,对专家顾问团的工作进行评估和激励;可以加大宣传力度,提高专家顾问团的社会认知度和影响力。

(2)要以增强不同协商主体间的合作水平促进村级协商民主发展。村级协商民主面临着不同协商主体间利益碎片化的问题,这使协商过程变得困难重重。为了解决这一问题,政府要加强不同协商主体间的合作,通过建立有效的沟通机制和合作平台促进各方的交流与合作。

一要明确各协商主体的利益诉求。在村级协商民主中,各协商主体代表了不同的利益群体,他们的利益诉求各不相同。因此,政府要深入了解各方的利益诉求,明确他们的立场和关切点,为后续的协商合作打好基础。

二要建立有效的沟通机制。沟通是合作的前提,只有建立有效的沟通机制,才能保证各协商主体之间的信息传递畅通无阻。这需要制定明确的沟通规则,规范各方的言行举止,确保协商过程的公正、公平和公开。

三要搭建合作平台。为了促进各协商主体间的合作,政府要搭建一个共同合作的平台。这个平台可以是一个固定的协商场所,也可以是一个在线的交流平台,关键是要能够让各方在这个平台上充分表达自己的意见和建议,共同探讨解决问题的方案。此外,政府要注重培养协商主体的合作意识。合作意识是促进合作的重要动力,只有各协商主体意识到合作的重要性,才能更好地推动合作的进程。因此,政府要通过宣传教育、培训等方式,提高各方的合作意识,让他们明白只有通过合作才能实现共赢。

(3)要以健全民主协商机制促进村级协商民主的发展。

一要建立线上和线下协商相结合的机制。随着科技的发展,互联网已经深入我们生活的方方面面。在乡村治理中,政府要充分利用互联网的优势,建立线上和线下协商相结合的机制。这种机制不仅可以提高村民参与协商的便利性,而且可以扩大协商的范围和深度。对于那些由于各种原因不能到场参加协商的村民,政府可以通过网络平台让他们参与协商。这不仅可以解决他们参与难的问题,而且可以提高协商的广泛性和公正性。例如,政府可以通过微信群、QQ群等社交媒体平台,建立线上协商渠道,让村民在网络上畅所欲言,发表自己的意见和建议;可以通过线上投票的方式,让村民们对协商的结果进行表决,确保协商结果的代表性和合法性。此外,为了确保网络协商的效果和质量,政府要建立相应的监督和保障机制,如可以设立专门的网络协商监督机构或人员,对协商的过程和结果进行监督和评估。

二要健全协商议题确立机制。协商议题确立机制是保证协商成效的重要前提,可以确保协商议题具有代表性、针对性和可操作性。首先,要明确协商议题的确立原则。协商议题应该符合广大村民的利益,反映社会发展的需要,体现党和国家的方针政策。同时,协商议题的确立应该遵循民主、公正、公开的原则,确保各方参与主体的平等权利。其次,要规范协商议题的确立程序。协商议题的确立应该经过充分的调研、论证和评估,确保议题的科学性和合理性。同时,协商议题的确立应该遵循一定的程序,包括提出议题、审查议题、确定议题等环节,确保各方参与主体的参与权和表达权。最后,要注重协商议题的多样性。协商议题应该涵盖本村经济、政治、文化、社会、生态等各个领域,反映不同利益群体的诉求。同时,协商议题的确立应该注重平衡,避免过于集中或分散,确保协商的针对性和有效性。

三要健全协商程序机制。一是建立多数村民参与机制:村级协商民主是为村民谋利益的制度,必须确保三分之二以上的村民的实际参与权;从一开始征集议题到开会协商再到最终表决,都必须经过三分之二以上村民同意;对于确有其他原因不能实际参与协商的人,要通过各种形式征求他们的意见、建议。二是建立发言保障机制:给每位村民公平的发言机会,允许表达不流畅的村民找代表代为发言;对每位代表的发言时间和次数做出实际限制,防止发言机会不均带来的利益表达不平等。三是建立协商争议救济机制:对于村级协商民主做出的决定,允许有争议村民通过行政救济或司法救济的通道申请争议救济;村民在向县级行政机关申请争议裁决后不服的,可以向人民法院申请司法救济,通过诉讼的形式维护自身的正当权益。四是建立协商反馈机制:为了防止协商结果停留在文件上,必须建立完善协商结果执行情况反馈机制,在规定的时间内,通过线上和线下相结合的形式,分阶段向全体村民及其他利益相关人公布协商结果的执行情况；公布村监委和县乡纪委的监督举报电话，随时接受村民的问询和监督。

（4）要以厚植协商文化促进村级协商民主发展。协商文化是支撑协商民主的灵魂。村级协商民主是中国共产党领导下的中国特色社会主义协商民主的重要组成部分，它所沁润和倡导的协商文化必须是中国共产党的协商文化，即党在继承和发扬中华优秀传统文化的基础上，基于党领导的协商民主实践形成的，用以营造畅所欲言、理性有度良好协商氛围的价值准则、德性素养、制度规范和社会氛围[1]。

首先，这一协商文化以坚持党的领导为根本前提。党的十九大指出："党政军民学，东西南北中，党是领导一切的。"在深入推进村级协商文化发展的过程中，必须始终坚持党的领导，积极营造以"政治意识、大局意识、核心意识、看齐意识"（"四个意识"）为引领的村级协商文化，自觉把村级协商民主的发展与全过程人民民主的发展、整个国家的发展大局结合起来。

其次，这一协商文化以"以人民为中心"为根本价值支撑。中国共产党人的初心和使命是"为中国人民谋幸福，为中华民族谋复兴"。"以人民为中心"是中国共产党全部理论和实践的根本价值指向，村级协商文化作为中国共产党领导下的协商文化，必然要坚持"以人民为中心"。在推动村级协商民主发展的过程中，政府要厚植"以人民为中心"的协商文化理念，把让绝大多数村民满意作为评价村级协商民主成败的根本标准，坚持问计于民、问策于民、协商结果与民共享，通过彰显民智民意赢得大多数村民的支持，进而汇聚起深入推进村级协商民主发展的澎湃民力。

最后，这一协商文化要以传承创新为发展理念。在中国优秀传统文化中，"和合""民本""议事""大一统"等文化思想博大精深。中国共产党将传统文化的历史底色与当代中国民主政治的实践结合起来，建立了富有中国特色的社会主义协商民主制度体系，形成了多层、广泛、制度化的发展格局[2]。传承创新、兼收并蓄，是中国特色协商文化的基本特征。因此，在推动村级协商

---

[1] 王志刚,池忠军.中国共产党协商文化的生成逻辑、发展进程与基本经验[J].理论导刊,2022,(03):27-33.

[2] 廖清成,罗家为.中国协商民主的文化渊源、制度创新与逻辑进路[J].江西社会科学,2021,41(02):192-199.

文化发展的过程中,政府要坚持传统与现代相融,注重吸收借鉴古代中国协商文化的精华,使之在社会主义核心价值理念指引下,为新时代村级协商民主的发展服务。比如,针对当今社会中集体主义式微、个人本位主义凸显的现象,政府要以打造"人人有责、人人尽责、人人享有"的社会治理共同体为契机,大力推动传统协商文化中的乡村公共精神实现现代性转化,以此激励村民牢固树立为村庄发展尽一份力的大局意识,使他们自觉参与村级协商民主。

五、以数字赋能促村民参与

浙江省诸暨市"浙里兴村治社"应用平台

诸暨市位于浙江省绍兴市。在20世纪60年代的社会主义教育运动中,枫桥人民在党的领导下,创造了"一个不杀、大部不捉、矛盾不上交"的"枫桥经验"。六十年来,"枫桥经验"经历了社会主义建设时期、改革开放新时期和中国特色社会主义新时代,逐步发展成为"平安不出事、服务不缺位、矛盾不上交"的"新时代枫桥经验"。在推进"千村示范、万村整治"和乡村振兴的过程中,诸暨市发挥"枫桥经验"发源地的优势,在推进乡村治理现代化中不断推陈出新,打造出独具特色的诸暨样本。2021年6月以来,诸暨市依托全省层面的数字化改革,把数字赋能与乡村治理有效结合,通过组织变革重塑实现整体智治,进而实现政策集成化、精准化,构建起以实现共同富裕为目标的规则、制度和机制。诸暨市按照全省数字化改革"一本账S1"中"浙里红色根脉强基工程应用"框架要求,在省委组织部统筹谋划和直接指导下,围绕"干事创业"全链条,着眼于提升村社干部推进"两个现行"的能力,打造上下联动、创业争先、立体评价的村社工作考核评价体系,把党的统领延伸到基层治理的末梢,于2021年6月开发运行"浙里兴村治社"应用平台。截至2021年底,诸暨市5700余名镇村干部上线使用,用户日活跃率达90%以上,系统内派单流转事项3.9万余件,村级创业承诺完成率提速20%以上,落地集体经济发展项目45个,整合各类涉村资金19.3亿元,县乡村多级联动、兴村共富的格局正在形成。这些成效的取得,充分体现了数字赋能下基层组织变革重塑给基层村社治理带来的巨大能动效应。这表明,通过数字赋能,推动基层组织变革重塑,实现整体智治,是整合乡村资源,推动乡村共富的有效途径。

(一)现实背景:四个需要

1.建设共同富裕现代化基本单元的需要

高质量发展建设共同富裕示范区是党中央赋予浙江的光荣使命。2021年7月,诸暨市被浙江省高质量发展建设共同富裕示范区领导小组办公室确定为打造精神文明高地领域共同富裕示范区建设首批试点。作为试点单位,诸暨市要在推动共富场景乡村集成落地上进行探索,为推动县域共同富裕和社会建设事业全面进步提供数字化改革素材。

2.打通党建统领"最后一公里"的需要

推动省委"五大历史使命"、乡村振兴等重大战略、重大任务在基层落地见效,在一定程度上存在信息传导不灵敏、落实反馈不及时等问题,一些乡镇、村党组织龙头作用也没有完全发挥到位。必须全面加强党的领导,大力实施"红色根脉强基工程",在"统领整合"上聚焦用力,构建党建统领基层整体智治实践机制,为重大任务一贯到底提供坚强组织保障。

3.推进"县乡一体、条抓块统"改革试点落地见效的需要

从当前实际看,基层"条块分割""七多八多"等问题还没有根本解决。以诸暨市为例,涉村应用系统多达40个,涉村事项多达750余项,传统科层制、单一化的乡村基层组织模式可能不适应当前农村工作实际。政府要推动整体智治理念向镇村末梢延伸落地,进一步厘清权责、减负增效,探索"152"与"141"体系贯通路径,推动"县乡一体"改革向"县乡村一体"拓展延伸。

4.坚持发展"新时代枫桥经验"的需要

数字化浪潮为坚持和发展"新时代枫桥经验"提供了新机遇,也提出了新课题。需要以数字化理念和方式提升基层治理水平,通过资源力量下沉实现治理重心下移,提高镇村主体发现问题、解决问题的能力;通过构建全链条监管机制,促进基层权力依法规范运行,进一步强化源头治理、综合治理、系统治理,为打造"新时代枫桥经验"数字化样本注入新内涵。

(二)应用平台建设的基本做法

1. 明晰定义内涵

以"党建统领、干事创业"为主线,以"抓人促事、以事识人"为抓手,以"减负赋能、兴村共富"为目标,通过事项一口归集、任务一贯到底、监管一览无余、共富一榜统揽、评价一体联动,在减轻基层负担、激发干事活力、推动任务落地的过程中,规范履职行为、打造过硬队伍、提升治理能力,全面构建党建统领、人事相宜的兴村共富新格局。

2. 搭建应用架构

探索建立"152"体系与"141"体系衔接路径(见图6-3),把村一级纳入党政整体智治体系,构建"3+6+X"体系构架("3"即县乡村三级浙里兴村共富大屏,"6"即理事明责、议事决策、干事创业、督事守纪、评事定绩、以事识人六大功能模块,"X"即共富榜单、事项预警、干部评价等一系列具体子功能),搭建与兴村共富相匹配的整体开发架构。

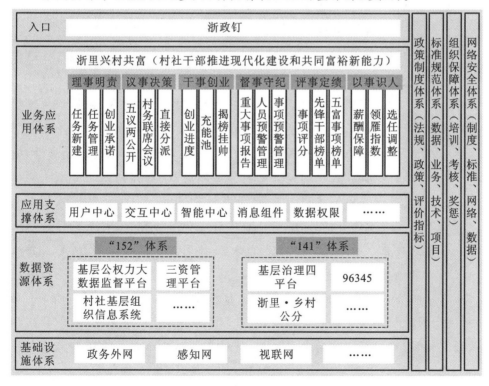

图6-3 "152"体系与"141"体系衔接图

3. 梳理任务指标

以"抓人促事"推动"兴村共富"为业务逻辑，着眼村干部干事创业全链条，形成任务管理、创业进度、揭榜挂帅等16项一级任务和10项二级任务，梳理发展、美丽、平安、民生、文明等5项一级指标和40项二级指标（如将发展共富进一步拆解成村社集体经济收入、经营性收入、农村常住居民人均可支配收入、兴村富民项目等二级指标）。将共富指标体系贯穿干事创业全流程，通过全周期跟踪涉村事项办理情况，形成村社党建统领共富榜。

4. 推动多跨协同

找准跨层级、跨领域业务联动的路径方法，协同市纪委监委、民政局、农业农村局等64个部门，摸排数据来源15类43项，打通"基层治理四平台""浙里访""三驻三服务"小管家等12个业务系统，链接16个数据端口，构建高频热点分析、指数评价等25种算法模型，推动形成纵向贯通、横向联动的数据共享和快速反应链条。

5. 构建核心场景

对应六大功能模块，建立"6事"村社整体智治全链条场景，打造贯通县乡村三级的电脑和移动终端应用。

一是"理事明责"子场景，明晰县乡村三级权责边界，在县乡两级事项过筛的基础上，将涉村事项按上级任务、镇级工作、村级上报等三类进行标识，通过镇级整合研判，统一赋分下派。二是"议事决策"子场景，将所有涉村事项按"五议两公开"、村务联席会议、直接分派三种方式执行流转，规范议事决策流程。三是"干事创业"子场景，对派发任务、创业承诺等完成进度进行排位，实行分档次进退位加扣分，实时呈现村干部干事创业进程。四是"督事守纪"子场景，协同基层治理四平台、基层公权力大数据监督平台等系统，建立人员实时预警、事项逾期预警、个人重大事项报告等功能，构建村干部全方位监督体系。五是"评事定绩"子场景，对进村事项先赋分后评分，综合村书记自评、村干部互评、分管领导点评，形成镇村一体的考评机制，将得分汇总为个人先锋干部榜单和村党建统领共富榜单。六是"以事识人"子场景，建立村社党组织书记"领雁指数"评价模型，综合荣誉表彰加分、民主测评得分、负面预警扣分等，全方位考察评价"一肩挑"书记，打造多维动态、立体精准的考核评价体系。

（三）"浙里兴村治社"中的数字赋能成效

1. 树立起整体智治理念

浙江省的数字化改革起步较早，其根本理念便是打造"党建统领、协同高效、整体智治"的治理体系。例如，浙江省的"最多跑一次改革"，在"数字多跑路、百姓少跑腿"的背后，其实是通过整体智治打通部门之间的信息壁垒，实现部门之间的协同高效。2020年以来，浙江省把打造"浙里红色根脉强基工程"作为推进全省数字化改革的重要载体，要求全省依托这一工程，打造富有地方特色的子场景。诸暨市的"浙里兴村治社"便是这一工程的子场景之一。该场景贯彻"整体智治"理念，以数字赋能为前提，着手推进基层组织变革重塑，进而从根本上推动乡村治理中遇到的"碎片化""村干部监督乏力""村级事项难推进"等一系列问题的整体解决。研究表明，"浙里兴村治社"有效赋能乡村治理，实现了乡村"事项一口归集、任务一贯到底、监管一览无余、共富一榜统揽、评价一体联动""五个一"效果，有力推进了乡村共富进程。

2. 打造出扁平组织结构

科层制之所以会因各部门之间的互相推诿而效率低下，其根本原因在于部门利益的掣肘。在科层制下，不同层级部门的职能不同，不同职能附着的利益也各不相同。在这种情况下，为了维护自身利益，不同部门间存在信息壁垒，互相之间很少沟通，更谈不上利益的禅让。这与现代治理对部门效能的要求格格不入。要消除部门之间的利益鸿沟，就必须从科层制本身的弊病入手。一是改变科层制复杂的组织结构，代之以扁平化组织结构。科层制下复杂的组织结构，使不同层级间、不同部门间产生了利益的差别。二是改变科层制以职能为核心的理念，代之以事项为核心。这就把维护自身职能进而维护自身利益的科层制弊病切除，从而推动聚焦村级治理事项的解决并为圆满完成任务而积极主动采取与其他部门协同的战略。

为达到以上两个目的，诸暨市依托"浙里兴村治社"场景应用平台，建立了诸暨市级赋码过筛平台，对所有涉及镇村的事项进行全面梳理，为建立以事项为核心的组织架构打下坚实基础。截至2021年底,诸暨市共梳理出涉镇涉村一级事项615项、二级事项1916项,涉村一级事项185项、二级事项445项。在对事项进行分类梳理的基础上,诸暨市对所有事项进行过筛、赋码:通过专家评估,将能够下发的事项进行编码,使其一键直达镇村;将不能够下发的事项拒之门外。这不仅为镇村减了负,也增强了他们做好本级事务的信心,从而实现了心理赋能。经过编码、过筛后的事项,通过"浙里兴村治社"平台一键下达,使与事项相关的各级各类部门可以依托平台为相关各村提供便捷高效的服务。在这一过程中,组织部、纪委全程在线监督,为高质量完成事项提供坚强的组织和纪律保障。"浙里兴村治社"治理平台的搭建,有效避免了科层制下层层审批的烦琐,大大提升了服务的效能。组织结构的变化,也为相关各方实现了结构赋能。乡村事务精简了16%,镇级事务精简了40%,镇村干部感觉轻松不少,一致表示对平台的支持。

  在有这个平台之前,我们一天到晚忙,问题是也不知道忙的什么。有了这个平台以后,我们的任务一目了然,与村庄事务无关的事情也少多了。(采访实录:2022年12月5日,诸暨市杜黄新村党总支书记、村主任王海军。)

  3.形成了双向组织流程

  在传统的乡村基层组织结构中,无论是上情下达还是下情上达,都遇到一些问题。在上情下达中,因组织结构复杂,任务可能会遇到难以预料的阻力;在下情上达中,问题更大,如村里有什么难事、急事都要村书记跑乡镇、跑部门,一圈跑下来,最终事情却没有办成,不仅效率低、浪费人力物力,还容易滋生腐败。要改变这种现状,就要对传统的办事流程进行变革重塑。诸暨市借助"浙里兴村治社"平台,在组织结构扁平化的基础上,打造了一键直达的高效派单机制和下情上达的一键上传机制,从而彻底避免了传统科层制下单向度办事流程存在的弊端,打造出双向贯通的机制,为村级组织解决村级难事赋权赋能,提升了村级组织推动发展的能效。一是打造自上而下的"一贯到底"接单机制。通过构建乡镇主导、镇(街)村(社)一体的派单机制,不同任务分层分类实时派发,避免了传统任务下达中层层传达的弊端。对于分配到村级的赋码后事项,村级组织有没有接单、有没有及时接单、任务完成得如何,都会在平台直接显示,使组织部门和纪委可以实时看到,避免了"政令不畅",确保了有令即行、行而有果。此外,所有事项都经过过筛赋码、分层分类,紧急程度、难易程度非常清晰,简单事项由村干部接单后自行处置,较难的事项由平台发起乡镇部门协同共同解决。这就为村干部减了负,增了力。二是打造自下而上的任务上传机制。对于依靠村级力量难以解决的本村事项,村干部可以通过平台设置的端口一键上传。乡镇接到村社任务后,经过研究,觉得自己能够解决的及时解决,觉得依靠自身力量无法解决的发起部门协同,请求合力解决。"浙里兴村治社"平台实现了"上级任务、镇村领办""村社吹哨、线办报到、部门协同",形成了多元协同的局面,开创了乡村治理的新局面。下情上达,深受村干部的欢迎。

以前村里有什么难事,我们村干部都要跑部门、求熟人、托关系,最后事情还不一定能办成。而今有了"浙里兴村治社",村里的难事通过系统一键上报,很快就能得到解决。这可真是太方便我们村干部了。(采访实录:2021 年 12 月 10 日,诸暨市枫源村党总支书记、村主任骆根土。)

4. 建立起阳光监督机制

传统科层制出现效率低下、腐败严重等问题的一个很重要的原因是权力运行缺乏透明度,纪检监察部门也难以看到整个权力行使的过程,普通群众就更加没有办法参与监督。数字赋能的出现,给权力阳光运行提供了可能。"浙里兴村治社"借助数字技术,以事项为核心,打造全过程可视化平台,使纪委、组织部等监管部门能够通过这一平台实时看到从派单到处理完毕的全过程,包括权力是否依规运行,利益相关方是否有意见、举报等。首先,事项派单前已经经过专家评估并统一赋码,赋码的意义在于清晰可见:几号事项到了什么节点、遇到什么问题、需要如何处理,都有据可查。此外,系统对所有利益相关方开放,任何利益相关人员都可通过系统接口对事项处理提出自己的意见、建议。一旦出现权力寻租,用户可以通过系统直接举报。这就为权力的运行上了紧箍咒。其次,数字赋能系统具备数据集成优势,能够对相关人员做出及时提示和预警。"浙里兴村治社"以人为核心,以事为线索,制定、完善相关的监督制约机制和具体工作规范,进而有效引导镇(街)村(社)干部依规办事、正确用权,并把相关情况实时通报给纪委监委和农业农村局,形成强大的监督声势。平台运行第一年就发出事项预警3500多次,有效防止了权力的滥用。最后,普通群众参与事项监督成为可能。在传统科层制下,权力封闭运行,村民想看也看不到,出事了才知道,但自己的利益已经受损了。而且,在完全不知情的情况下,村民对权力的运行充满各种各样的猜测,严重影响公信力。这也是在乡村振兴过程中出现"干部在干、群众在看"现象的一个重要原因。"浙里兴村治社"不仅向公众开放,还专门为群众发表意见、建议提供了平台,不论是谁,只要有意见就可以提。这为村民监督权的实现创设了条件。阳光监督机制的建立,极大提高了办事效率,激发了村民参与乡村治理的积极性。

现在办事全程公开,你想捞点好处、偷懒耍滑是不可能的,老百姓在那睁大眼睛看着呢。能给村里百姓干点实事,我们自己也觉得安心。(采访实录:2021年12月15日,诸暨市杜黄新村党总支书记、村主任王海军。)

5. 提升了组织适应能力

作为一个新的变量,数字赋能的加入必然会引起组织的整体变革与重塑。组织能否适应这种变革,取决于组织自身能力的高低。组织的能力有多重维度,而这其中最为关键的一定是人的能力。如果组织成员具备较强的学习能力,能够根据变化的实际,不断提升自身各方面素质,组织适应变革的能力强;如果组织成员疲于应付,缺少较强的学习能力,在新的系统面前束手无策,组织适应变革的能力差,将严重阻碍数字赋能的进程。这就需要在数字赋能的同时,建立相关机制,主动提升组织成员的适应能力。"浙里兴村治社"在构建时充分考虑到这一点,建立专门性的竞争、评价、充能三大平台,从多个层面激发组织成员的适应能力。一是借助"共富一榜统揽"平台,把村干部的业绩亮出来、比起来,让村干部在比学赶超中感到压力、形成动力,进而自发提升自身的适应能力。这一平台包括"发展、美丽、平安、民生、文明"等五大要素,通过对五大要素的指数进行实时排名,形成榜单,公布在场景首页。以前村干部干得好坏不公开,现在公开无死角,这无疑给村干部以强大的倒逼压力。二是实现"评价一体联动",对村干部的考核指标更明晰、结果更明确、抓手更牢靠。"浙里兴村治社"依托庞大的数据资源,构建对村干部的多维评价模型,实现了对村干部业绩和能力的精准评价,让懒政怠政无处遁形,并据此构建级差工资制度,实行干得好拿得多、干得孬拿得少,避免了人浮于事。而且,评价结果也为村干部的评优评先、考公考编、提拔留任提供了精准依据。"浙里兴村治社"为打造一支专业化、能力强、作风硬的村干部队伍打下坚实基础。三是设立"充能池",为村干部提升自身能力提供便利。"浙里兴村治社"针对部分村干部适应能力差、专业化水平较低等现象,在系统中专门设计了能力提升板块,通过线上与线下相结合的方式,为这部分村干部提供了各种形式的学习培训机会。

要是干不好,村里人和亲戚朋友都能看到,这多丢人啊。既然当了这个小干部,就要全心全意给老百姓做事,只有这样才能既有里子也有面子啊。(采访实录:2021年12月15日,杜黄新村支委王建光。)

(一)数字赋能乡村治理的实践逻辑:治理困境

乡村治理是整个国家治理的基石,乡村治理现代化事关国家治理体系和治理能力的现代化。建立在传统科层制背景下的乡村治理体系面对日益复杂的乡村治理事务,呈现出许多自身难以克服的弊端。一是行政色彩浓郁。基层干部习惯于对上负责,对基层群众的意见、建议重视不够,群众意见难以直达决策层,层层过滤后,党委政府听到的往往不是群众的真话。二是碎片化现象严重。中国乡村公共服务的碎片化问题由来已久,从公社统合体制下的制度隔离型碎片化,到摊派统筹模式下的资源匮乏型碎片化,再到如今转移支付路径下的府际竞争型碎片化[1],乡村公共服务的碎片化已经成为制约乡村治理现代化的关键问题,必须想办法破除。三是办事程序复杂。村里修路缺钱等难事、急事,需要上级层层审批,不仅效率低,成功率也低。村书记往往跑乡镇找书记、跑部门找局长,找来找去最后竹篮打水一场空。四是村

---

[1] 王鹭,刘开君.数字乡村背景下破解公共服务碎片化的"整体智治"逻辑——基于浙江"浙里兴村共富"场景案例分析[J].中共宁波市委党校学报,2022,44(02):72-83.

级负担沉重。村里每天来自各部门和乡镇的任务繁多,而且一些任务属于重复下达,村干部不堪重负,抱怨声不绝于耳。五是干部考核困难。对于村干部干得多与少、好与差,评价起来缺少统一、直观、有效的抓手;不同乡镇的村干部难以横向比较,人情分、印象分导致不公平的现象时有出现,一定程度影响了评价的公平公正,进而打击了部分苦干实干村干部的积极性。这一系列传统治理方式的弊端,都亟待改革突破,为数字技术赋能乡村治理提供了实践契机。

以上问题的存在,制约了乡村经济社会的高质量发展,影响了村民参与乡村治理的积极性。

(二)数字赋能乡村治理的理论逻辑:整体智治

整体性治理理论的主要代表性人物是佩里·希克斯和帕却克·邓利维。在希克斯看来,整体性治理理论是运用"新涂尔干理论"来强化协调、整合与监督机制;在邓利维看来,整体性治理非常注重重新整合,其整合的内容包括逆部门化和碎片化、大部门式治理、重新政府化、恢复或重新加强中央过程、极大压缩行政成本、集中采购、专业化和网络简化等。我国台湾学者彭锦鹏认为,在现代信息技术的协助下,整体性政府在技术上已经越来越具有可行性。彭锦鹏对如何实现整体性治理提出三种改革策略,即运用资讯科技形成的线上治理模式、整合型政府组织、主动型文官体系[①]。此外,北大教授周志忍指出整体性政府是一个大概念,相关词汇包括"网格化治理""协同政府""水平化管理""跨部门协作"等,其共同点是强调制度化、经常化和有效的"跨界合作"以增进公共价值。这一系列关于整体性治理的研究,都指向一个问题,即如何通过构建"整体性政府"来打破乡村公共服务的碎片化[②],进而解决乡村治理目前面临的一系列困境。但要在政府科层制组织结构中实现整体性治理的目标,信任构建、信息系统、责任划分、预算平衡和制度设计是必不可少的,信息系统是整体性治理的核心要素[③]。因此,在整体性治理理论

[①] 彭锦鹏.全观型治理:理论与制度化策略[J].政治科学论丛(台湾),2023,(23):61-100.

[②] WEIHE Z.Post-new public management era of cross-agency collaboration:A review of Perri 6's holistic government[J].Journal of Social Sciences,2012.

[③] PERRI,LEAT D,SELTZER K,et al.Towards holistic governance:The new reform agenda[M]. Basingstoke:Palgrave,2002.

的基础上,借助数字技术的加持,推动乡村治理从碎片化走向整合化,已经是大势所趋。整体性治理理论与数字技术的耦合形成一个新的理念——整体智治。作为一种治理新范式,整体智治的核心是以数字技术驱动制度优势转化为治理效能[①]。浙江省诸暨市通过打造"浙里兴村治社"这一数字化治理平台,贯彻落实整体智治理念,以打造扁平组织结构,形成以事项为核心的组织架构,进而弱化科层制下部门之间的利益掣肘,大大提升了组织服务效能;通过打造一键直达的上情下达派单机制和一键上传的下情上达上传机制,构建事项办理的双向贯通机制,大大提升了村级组织的办事效能。例如,针对村里修路资金方面遇到的困难,村级组织对现实困难加以描述,一键上传数字系统,即可在第一时间得到乡镇部门的回复,大大提升了村级难事、急事的处置效率。

(三)数字赋能乡村治理的内生逻辑:变革重塑

数字赋能乡村治理的过程实际上是一个在整体智治理念引领下的乡村治理体系变革重塑的过程。

1. 服务样态变革重塑

数字技术的运用,拓展了乡村治理的时空边界和服务容量,给服务对象带来了全方位的便利。第一,服务时间无限拓展。村干部和村民随时都可提出相应诉求,而且可以得到即时回应。例如,在"浙里兴村治社"中,村民可借助手机终端随时发表对乡村治理的意见、建议,也可随时提出需求。这与之前诉求双方时间冲突带来的不便利形成鲜明对比,大大提升了村民与村干部的互动效率。第二,服务场所一端整合。从跑断腿到"最多跑一次"再到"一次也不跑",彰显的是数字赋能乡村治理给老百姓带来的便利。在数字化改革前,老百姓办事情必须到规定场所,如办社保要到社保局、办户籍要到派出所。后来,通过场所的一地归集,老百姓办事情一般只用去各地的行政服务中心。随着数字赋能的强势推进,老百姓的大多数事情都可以在手机终端办理。诸暨市"浙里兴村治社"通过设立"虚拟网上办事厅"为村民办理日常事项,无论村民在哪里,都可以及时高效地把事情办好,传统乡村公共服务的场

---

① 钱天国.数字赋能全链集成创新:整体智治政府的建设路径[J].浙江学刊,2022,(03):35-42.

所限制被彻底打破了。第三,服务事项一端归集。在传统办事程序中,老百姓只能到特定部门的特定窗口办理特定事项。数字赋能让老百姓在一个端口办理所有事项逐渐成为可能。诸暨市"浙里兴村治社"通过设立专门的数据平台,把进村入户的所有事项进行一口归集,避免了多头派发事项带来的重复和冗余,为村社减了负,也为老百姓在一个端口办理所有事项提供了可能。

2. 组织结构变革重塑

以政府职能履行为核心的传统科层制结构下机构相对臃肿、效率相对低下。不同部门附着的利益不同,导致部门间为了维护自身利益而人为设置信息壁垒。如果部门之间彼此封闭,很少或从不进行信息的交换,这就会出现"多个大盖帽管不了一棵豆芽菜"的现象。这与现代治理所要求的协作、便捷、高效理念格格不入。数字赋能后,这种以职能履行为核心的组织结构开始变革,新的以事项办理为核心的组织结构得以逐步确立,事项成为引领组织变革的重要因素。诸暨市"浙里兴村治社"在对所有镇村事项进行全面梳理的基础上,对事项进行过筛(专家评估)、赋码并由统一平台一键下达村社,使层层审批的组织机构减少了,也使村社的负担减轻了。

3. 组织流程变革重塑

科层制下的传统组织流程是单向的,上级向下级下达任务畅通无阻,而下级向上级反映问题或困难有一些阻力,这与现代治理对民意的高度重视有一些冲突。数字赋能之前,村民要反映问题渠道很少。数字赋能打通了下情上达渠道,实现了上下双向贯通。诸暨市依托"浙里兴村治社"平台,专门开辟端口 24 小时收集群众意见、建议。村里有什么急事、难事也可通过专门端口一键上传,所在乡镇看到后立马启动办事程序。如果有自身不能完成的事项,乡镇可通过系统发起部门协同。此外,诸暨市"浙里兴村治社"通过创设一键派单机制,大大提升了上情下达的效率。"浙里兴村治社"通过透明可视的程序,对任务接单和处理情况进行全程掌握,从而彻底避免了"政令不畅"和"有令不行"。

4. 治理主体变革重塑

一是主体办事理念从孤立到协同。在以职能为核心的传统科层制结构下,少数治理主体处处维护本部门利益,缺少整体观和大局观。数字赋能后,在以事项为核心的扁平组织结构下,所有治理主体围绕事项办理这一核心目标,通过通力协作,实现整体利益的最大化。二是主体办事效率从低下到高效。科层制可能导致机构臃肿、办事效率低下。数字赋能让所有办事流程在阳光下运行,事情有没有办、办得怎么样,都一览无余,让偷懒耍滑无地自容,从而大大提升了办事效率。三是主体廉政意识从虚化到强化。数字赋能以可视化的方式把事项的整个办理流程实时展现在纪检监察部门和公众面前,使公众的意见、建议随时可以通过平台专门端口上传,使公众的监督权利得以真正维护和实现,使治理主体的廉政意识得以强化。例如,"浙里兴村治社"对村级组织上传的急事、难事的办理流程进行全程监督,使事项有没有被及时受理、受理后有没有及时办理并回复都可以被纪委和组织部门实时看到,给治理主体以极大震慑,使权力寻租的可能被降低到最小。

(四)数字赋能乡村治理的现实困境与对策出路

数字赋能乡村治理为乡村治理现代化提供了技术和平台支撑。但调研发现,作为新生事物,数字赋能的顺利推进还存在一些必须克服的障碍,必须在深入剖析这些问题的基础上,提出进一步发展乡村数字赋能的现实对策。

1. 通过强化顶层设计走出数字基础设施薄弱困境

数字赋能乡村治理对乡村数字基础设施提出了很高的要求。我国农村情况千差万别,各地财政基础又很不平衡,导致我国农村数字基础设施的发展良莠不齐,东南沿海发达地区农村与中西部农村的数字基础设施存在很大差距。部分欠发达地区的农村连5G信号都没有,数字赋能乡村治理困难重重。要推进整个国家乡村治理的现代化,就必须以整体性治理理念来统筹各地数字赋能乡村治理。全国上下一盘棋,整体推进,通力协作,才能最终实现整个国家乡村治理的现代化。因此,政府要通过全国统一的顶层设计,谋划推进乡村数字基础设施建设;要依托"东西协作"平台,通过强弱合作推进欠发达地区农村数字基础设施建设;要发挥好乡镇的中坚作用,在向上级争取资金扶持的同时,积极引入社会资本,形成全社会关心支持欠发达地区农村数字基础设施建设的合力。

2. 通过强化纪律监督防止数字形式主义滋生

数字赋能乡村治理的最终目的是提升乡村治理的效能、推进乡村治理现代化,"务实性""在地化"是数字赋能乡村治理必须坚守的核心要义。但在实践过程中,数字技术"悬浮化"导致的形式主义却屡见不鲜。例如,因过度强调工作留痕,工作人员只顾拍照而忽视真实的工作效果,只要拍照上传了就算完成任务的形式主义之风有愈演愈烈之势。此外,因过度强调数字化,数字鸿沟问题凸显:面对越来越复杂的数字技术,许多农村老年人因不懂、不会而一筹莫展,数字技术的便利性对他们来说无从谈起。基于此,要通过强化纪律监督防止数字形式主义滋生。一要把数字赋能与传统监督有效结合,力戒指尖上的形式主义。对网络派发的事项的完成情况,不能仅依靠几张照片来判断,要把网络监督和线下监督结合起来,通过线下专家评议、民主监督形成震慑数字形式主义的强大合力,对造假哗众取宠的现象予以严厉惩戒。二要关注数字弱势群体,在推进数字赋能的同时,对传统的办事渠道予以保留,开辟专门为老年人等弱势群体办事的窗口,并通过组建志愿服务队手把手帮助老年人等弱势群体运用好数字技术。同时,政府要建立完善村干部定期上门征集老年人等弱势群体的意见、建议的制度,防范、化解因数字赋能而出现的"被知情""被参与""被表达"现象。

3. 通过强化文化融合克服数字文化嵌入困难

数字技术赋能乡村治理有效的关键在于治理主体和客体的深入接受,在于数字技术与乡村文化及治理场景的深度融合。数字赋能本身的开放性与乡村社会的保守性存在必然的冲突,如何调整乡村旧的社会秩序,使之逐步适应数字赋能带来的新变化,是数字技术发挥更大效能的关键。因此,从文化结合的角度来理解和把握乡村数字赋能,方能充分发挥数字技术对乡村治理的深度赋能效应。从现实情况来看,一些地方在运用数字技术的过程中,忽视了数字文化与传统文化的融合,不自觉地强化了数字现代性与传统乡土性的张力,影响了数字技术对乡村治理的深度赋能。在诸暨市"浙里兴村治社"运用的过程中,村民嫌麻烦、不习惯便是这一现象的体现。因此,要通过强化文化融合克服数字文化嵌入困难:一要推动数字技术深度嵌入乡村文化场景,改变数字技术只重标准而忽视乡村社会问题复杂性的弊端,在设计考核办法时嵌入更多理性因素,更加全面、真实地反映乡村治理的现实;二要把数字技术与乡村"熟人社会"的禀赋特征结合起来,通过创设集体参与情景,改变数字治理"只见数字不见人"的原子化参与模式,让数字技术成为深化村民情感交往、促进村民和谐共处的新载体。

4.通过综合施策避免数字异化问题带来危害

数字治理在极大提升乡村治理效能的同时,也带来较为明显的异化现象。一是内容的行政化。数字技术赋能乡村治理应该是多元的,不仅限于一种行政工具。二是嵌入的"非人化"。马克思认为人的本质"是一切社会关系的总和",脱离了社会关系的人是不能体现人的本质的"人"。数字赋能让村民"一次也不跑"的同时,可能会改变人与人的社会化交往方式,进而将人"异化"。三是安全的脱管化。数字技术在深入推进乡村治理现代化的同时,也导致一些脱离正常监管的数字风险,如如何更好地保护村民录入数据系统的个人信息的问题。因此,要通过综合施策避免数字异化问题带来危害:一要淡化行政考核,让数字治理恢复多元功能本位,使其更多嵌入村民和村干部的日常生活;二要在推行数字化治理的同时,强化村庄公共空间建设,丰富村民的文化生活,增进村民的日常交流,以重塑乡村公共精神,冲破数字化治理带来的人际关系隔膜;三要加强数字风险监管,通过强化安全宣传提高村民的数字风险防范意识,建立完善监管法规和制度,防止数字工具异化为危害社会治安的工具。

六、以社会组织促村民参与

改革开放后,随着我国社会转型,传统社会的组织基础逐渐崩塌。人民公社、"单位制"的式微,使国家对社会的调控能力变弱,使社会变得原子化、碎片化,使各种利益矛盾凸显,使社会团结遭遇挑战,使国家治理社会难度增大,这客观上要求国家对原子化的社会进行再组织,推动有序参与,减少冲突,重建共同体[①]。在这一过程中,社会组织成为打造社会治理共同体可以

---

① 李杏果.社区社会组织参与社会治理共同体建设:内在逻辑与实现路径[J].河南社会科学,2023,31(01):70-78.

倚重的社会资本。

（一）社会组织对促进村民参与的重要意义

2018年中央一号文件要求"大力培育服务性、公益性、互助性农村社会组织，积极发展农村社会工作和志愿服务"[①]。2022年，中央同样在农发〔2022〕1号文件中再次明确要求制定鼓励引导社会组织参与乡村振兴的意见[②]。由此可见，党中央、国务院对于发展农村社会组织促进乡村全面振兴十分重视，其中一个主要原因是农村社会组织对于促进村民参与乡村治理具有重要意义。

1. 农村社会组织的再组织作用为村民参与乡村治理提供了重要平台

改革开放后，我国社会形态发生巨大改变，原本以人民公社为"单位"的农民从"单位人"转变为"社会人"，之前凡事靠组织，而今遇事靠自己，因此出现原子化的个人和碎片化的社会。不同个人之间、不同群体之间的利益矛盾日益凸显，村民已经难以再像改革开放前一样主动团结在一起，为了村庄发展而凝心聚力。社会性是人的重要属性。对村民而言，脱离组织后缺乏归属感，遇到困难时缺少众人帮，内心始终有一种对组织的渴望，希望自己能够再次成为强大组织的一员。社会组织的出现，既是对利益碎片化社会的积极回应，也是对村民渴望回归组织心态的迎合。村民通过加入各种各样的社会组织，实现了再组织化，找到了组织归属感。而且，各种各样的社会组织也为村民参与乡村治理提供了平台。与原子化的村民个人相比，再组织起来的村民团体具有更强的凝聚力和行动力，能够更好地整合资源、协调利益关系、提高治理效率。首先，社会组织能够更好地代表村民的利益和诉求。在现代乡村治理中，村民的利益诉求往往是多样化的。因个人的力量有限，村民很难独立在村庄层面上施加影响以实现自身利益诉求。社会组织则能够通过将不同利益诉求的村民组织起来，形成集体力量，更好地代替村民表达诉求、争取

---

① 中共中央 国务院关于实施乡村振兴战略的意见[EB/OL].(2018-02-04)[2023-04-10]. https://www.gov.cn/zhengce/2018-02/04/content_5263807.htm.

② 农业农村部关于落实党中央国务院2022年全面推进乡村振兴重点工作部署的实施意见[EB/OL].（2022-03-01）［2023-04-10］. https://baijiahao.baidu.com/s?id=1726059090470972505&wfr=spider&for=pc.

利益。其次,社会组织能够提高乡村治理的效率。在现代乡村治理中,不少事务烦琐、复杂,个人很难独自承担这些事务的管理和协调工作。社会组织则能够通过分工合作、协调配合等方式,高效地完成各项治理任务,提高治理效率。最后,社会组织能够推进乡村治理的创新和发展。随着社会的发展和进步,现代乡村治理面临越来越多的新问题和新挑战。社会组织能够通过集中村民智慧、推动创新实践,探索出适合当地实际的治理模式和方法,推动乡村治理的创新和发展。总之,再组织起来的村民在乡村治理中发挥着至关重要的作用。只有充分发挥社会组织的作用,才能更好推进乡村治理的进程,实现乡村的和谐稳定和可持续发展。

2. 农村社会组织的共同体功能为村民参与乡村治理提供了信任基础

成为"社会人"后,村民不再如从前人民公社时期那样有着密切的工作和生活联系,村民相互交流的机会少了,彼此间的疏离感和不信任感增强了,推动村民参与乡村治理的社会资本存量大为降低,村民的社会共同体意识较弱,在村庄内形成有机团结、共同治理格局的难度很大。在"乡政村治"态势下,村级基层党组织的行政色彩浓厚,过度依靠行政权力推进乡村治理,容易忽视村民个体的利益诉求,进而激化村民与基层党组织的矛盾并削弱村民参与乡村治理的积极性,从而不利于乡村治理共同体的打造。农村社会组织以其共同体的特性,为维护好、实现好村民正当利益提供了平台。与村民个人相比,农村社会组织在村庄利益博弈中力量更强,能够及时把村民的利益诉求传达给农村基层党组织,并以共同体的力量为利益博弈增添砝码。基于共同利益再组织化的村民通过参与社会组织的活动,密切了彼此的联系,增强了相互的信任。社会资本的增进,进一步增强了村民对乡村社会治理共同体的认同感和归属感,使村民真心实意支持和参与社会治理共同体建设。

3. 农村社会组织的公共性特征为村民参与乡村治理提供了价值支撑

党的二十大报告明确提出了打造"人人有责、人人尽责、人人享有"的社会治理共同体的宏伟目标。然而,传统乡村治理结构在公共性方面的缺失,成为制约这一目标实现的重要因素。在这样的背景下,农村社会组织的公共性特征为乡村社会治理提供了新的价值支撑,为解决现实困境提供了有力途径。农村社会组织作为乡村社会的重要组成部分,具有鲜明的公共性特征。

这种公共性不仅体现在组织宗旨和活动内容上,而且体现在组织成员的参与过程和成果分享上。通过参与社会组织,村民从仅关注个人利益,逐渐转变为既关注个人利益也关注公共利益。他们开始意识到,只有通过集体努力,才能更好地实现个人和乡村的发展。这种转变的发生并不是一蹴而就的,而是在参与各种公益性活动中日积月累形成的。农村社会组织通过举办各类公益活动,引导村民关注乡村公共事务,增强他们的公共意识和责任感。例如,参与环保活动使村民更加珍惜乡村环境,参与文化活动使村民更加认同乡村文化,参与社区建设使村民更加关注乡村发展。在这个过程中,村民不仅提高了自身的素质和能力,而且为乡村社会治理注入了新的活力。他们开始以更加积极的态度参与乡村治理,为乡村的和谐稳定和繁荣发展贡献自己的力量。这种公共精神的增强,不仅为乡村治理提供了有力的价值支撑,而且为实现党的二十大提出的社会治理共同体目标奠定了坚实基础。

(二)立足"四化"深入推进农村社会组织参与乡村治理

作为乡村治理的重要力量,农村社会组织的健康有序发展对于提升村民参与乡村治理的成效具有至关重要的作用。在当前的社会背景下,我们必须以党的十九大提出的"社会化、法治化、智能化、专业化"的"四化"方针为指引,通过改革创新、强基赋能,深入推进农村社会组织参与乡村治理。

1. 以社会化增活力

社会化是农村社会组织发展的基础。在乡村治理中,社会组织的发展需要与社会需求相适应,积极引导村民参与,形成共建共治共享的社会治理格局。

一要提高社会认知度。社会组织在乡村治理中发挥着重要作用,但村民往往因为对其缺乏了解和信任而参与度不高。因此,政府要充分利用传统媒体和现代媒体,积极宣传社会组织的先进典型和成功案例,让村民更加了解社会组织的作用和价值;可以通过开展各种形式的互动活动,增进村民对社会组织的了解和好感,为社会组织参与乡村治理营造良好的舆论氛围。在宣传社会组织的过程中,政府要注重真实性和公正性,避免夸大其词或虚假宣传;可以邀请政府部门领导、专家学者等权威人士对社会组织进行评估和推荐,提高社会组织的公信力和影响力。

二要增强政府购买力。政府购买服务是推动社会组织健康有序发展的重要支撑。各地党委政府应在设立社会组织发展专项资金和公益创投资金的基础上,筹集更多资金用于购买社会组织服务;公益创投对农村社会组织要有一些倾斜性的资金支持或补助性资金扶持,除了支付其为农村提供公共服务的费用,还应支付其基本的行政费用开支。此外,政府还应该为社会组织提供水电费减免、房租补贴等方面的优惠支持。这些措施可以降低社会组织的运营成本,提高其服务效率和质量。通过政府的全方位支持,社会组织能够更好地发挥其在社会治理中的作用,推动社会的和谐发展。

三要提升社会参与度。提升社会参与度是促进社会组织发展的关键。政府购买服务虽然重要,但仅依靠政府的力量是不够的。为了更好地推动社会组织的发展,应积极发展农村社区基金会。这些基金会可以通过制定相关政策,吸引更多社会资金参与社会组织的培育和发展。在这个过程中,如何赢得社会资金对农村社区基金会的信赖至关重要。因此,在成立农村社区基金会的同时,政府要引入政府力量强化对基金会组织行为的监管,确保每一分钱都能用在刀刃上,并通过向社会定期公开资金开支明细接受社会监督。

2. 以法治化强规范

法治化是农村社会组织发展的保障。在推进农村社会组织参与乡村治理的过程中,政府必须注重法治建设,完善相关法律法规,确保社会组织在法律框架内开展活动。同时,政府要加强对社会组织的监管,规范其行为,防止出现违法、违规行为,确保乡村治理的合法性和公正性。

针对目前一些社会组织存在入职标准缺失、制度规范不到位的问题,政府要以法治化强规范。

一要制定、完善入职标准。为了确保社会组织的高效运作和持续发展,制定、完善社会组织入职标准是至关重要的。在制定入职标准时,应由各类社会组织的主管部门牵头,综合考虑政治素质、身体素质、业务能力、学业水平等多个方面,以确保新入职的人员具备全面素质和良好的适应能力。首先,政治素质是社会组织入职人员必须具备的重要品质。社会组织作为社会治理的重要力量,承担着推动社会进步、服务社会成员的重要使命。因此,新入职人员应具备高度的政治觉悟和思想认识,能够始终坚持正确的政治方向,积极参与社会组织的各项工作,为实现组织目标而努力奋斗。其次,身体素质是社会组织入职人员必须考虑的因素。社会组织的工作往往需要大量时间和精力投入,要求工作人员具备较强的身体素质和抗压能力。因此,在制定入职标准时,主管部门应将身体素质作为一项重要的考核指标,以确保新入职人员能够适应高强度的工作压力和长时间的连续工作。最后,业务能力和学业水平也是评价社会组织入职人员的重要标准。社会组织涉及的领域广泛、工作内容复杂多样,要求工作人员具备较强的专业素养和实践能力。在制定入职标准时,主管部门应对相关领域的知识和技能提出明确要求,注重考察新入职人员在学业和实践方面的表现。通过制定明确的入职标准,主管部门可以确保新入职人员具备足够的专业素质和实践经验,确保新入职人员能够快速适应组织的工作环境和业务要求。为了提高社会组织入职标准的科学性和实用性,主管部门应积极借鉴国内外相关领域的经验和做法,结合实际情况制定出符合本行业特点的入职标准;应注重标准的动态调整和完善,根据社会环境的变化和工作需求的变化及时更新入职标准,以确保社会组织始终能够吸引高素质的人才加入。

二要全面落实主管单位。为了加强社会组织的规范管理,推动其健康有序发展,全面落实主管单位是至关重要的。针对目前备案类社会组织普遍缺少业务主管部门的问题,政府必须采取有效措施,尽快为这些社会组织找到合适的"娘家"。首先,落实主管单位是社会组织规范管理的必要条件。一个明确的主管单位能够对社会组织进行有效的监督和指导,确保其业务活动的合法性和规范性。只有在主管单位的指导下,社会组织才能更好地履行其职责,发挥其应有的作用。其次,落实主管单位有助于提高社会组织的法治化水平。主管单位的明晰化能够促使社会组织在开展业务活动时更加注重法治化建设,遵守相关法律法规,从而确保其行为的合法性和合规性。只有在法治化的轨道上,社会组织才能实现健康有序的发展。

三要建立完善问责机制。作为社会治理的重要主体之一,社会组织的自治性强和组织松散的特点在带来灵活性的同时,也使其容易产生违法、违规行为。为了有效防止这些行为的出现,社会组织要加强自律,政府要对社会组织进行有效的引导、管理、监督和问责。建立健全社会组织问责机制是必要的。明确问责主体、问责方式、问责尺度等,可以倒逼社会组织加强自我管理,提高其责任感和使命感,也可以避免出现主管部门对社会组织不理不睬、过度干涉的现象,还可以保障社会组织的自主性和独立性。在实践中,政府可以采取多种方式对问责机制进行完善。首先,应当明确问责主体。政府应当作为主要的问责主体,同时引入第三方机构、公众等多元化的问责主体,以增强问责的公正性和透明度。其次,应当完善多样化问责方式。除了传统的书面报告、质询、审计等方式外,政府还可以利用信息技术手段(如大数据分析、云计算等),对社会组织进行实时监测和评估,提高问责的效率和准确性。最后,应当统一问责尺度。政府应当制定明确、具体的问责标准,避免出现问责尺度不一、随意性大的问题,保证问责的公正性和公平性。为了实现这些目标,各方要共同努力。社会组织应当加强自身建设,提高自我约束和管理能力;政府应当出台相关政策和法规,为问责机制的建立提供制度保障;公众应当提高监督意识,积极参与社会组织的治理和监督工作。这些措施的落实,可以推动社会组织更加规范、健康地发展,为社会的和谐稳定做出更大的贡献。

3. 以专业化提实效

专业化是农村社会组织发展的关键。在乡村治理中,社会组织要具备一定的专业素养和能力,才能更好地发挥作用。

一要加大专业人员奖补力度。为了提高社会组织的参与度和专业性,政府应该加大对专业人员的奖补力度。这不仅有助于提高社会组织的整体水平,还有助于吸引更多优秀人才投身社会治理工作。在制定奖补政策时,政府应充分考虑行业的差异性和工作强度的不同,采取分级分类的差别补助方式。对于特别优秀的社会工作人员,政府应将其纳入人才政策覆盖范围,在住房保障、子女入学入托等方面给予相关支持。政府应对社会组织的工作进行全面评估,根据工作性质、难度和强度等因素制定相应的补助标准。对于从事高强度、高风险工作的社会组织参与人员,政府应给予更高的补助额度,以激励他们更好地履行社会责任。对于在特定领域具有突出贡献的社会组织成员,政府也应给予相应的奖励和补助。此外,政府可以与社会组织合作,通过设立奖学金和助学金等激励机制,吸引更多优秀学生投身社会工作领域。

二要增强协会作用发挥效度。社会组织应在政府的支持下,进一步加大通过自主联合方式成立社会工作行业协会的力度。为了更好地发挥行业协会在强化相互间有机联系和合作,促进行业服务标准、程序、技术规范化及专业化方面的作用,政府要建立相关机制。首先,督促和帮助行业协会制定和推广行业服务标准和程序,促进其服务质量和效率的提升。通过制定和推广行业标准和程序,协会能够引导会员单位按照统一的标准和程序开展服务,从而提高整个行业的服务水平和竞争力。同时,行业协会还可以组织培训和交流活动,提升会员单位的服务能力和技术水平。其次,为了充分发挥行业协会的作用,政府要建立健全相关的保障机制。政府可以通过政策引导、财政支持等方式鼓励和支持行业协会的发展。同时,政府要加强对行业协会的监督和管理,确保其行为的规范性和合法性。这些措施的实施,可以更好地发挥行业协会在推动社会工作行业发展中的作用,进而使其为整个社会的和谐稳定做出更大贡献。

三要加强外部评估激发力度。在推动农村社会组织发展的过程中,我们不能忽视外部评估的作用。建立健全外部评估机制,是激发社会组织活力、提升其专业化水平的重要手段。首先,政府作为服务购买方,应当加强对社会组织的评估工作。政府要建立完善的评估指标体系,定期对社会组织进行评估并根据评估结果进行奖惩。对于表现优秀的社会组织,政府可以给予更多支持,如提供更多项目机会、资金支持等;对于表现不佳的组织,政府应当对其进行整改或淘汰。其次,引入第三方评估机构是加强外部评估的重要途径。第三方评估机构具有独立性、专业性和客观性等特点,能够对社会组织进行更加全面、客观的评估。政府可以通过政策引导、资金扶持等方式,鼓励和培育本土第三方评估机构的发展,使其成为推动社会组织专业化成长的重要力量。加强外部评估激发力度,可以促进农村社会组织的专业化成长,提高其服务水平和能力。同时,外部评估能够为社会组织提供反馈和改进建议,促使其不断完善自身建设,更好地服务于农村社会的发展。

4. 以智能化赋能量

智能化是农村社会组织发展的必然趋势。随着科技的不断进步,社会组的的最重要方向上发生着变化。因为引入新的代价信息较大，如不太熟悉，之前的最重要重要方向上，才能促进开发社会组织的最适水平。

第二是建立社会组织的重视信息被确信度。要实现社会组织的成效，就要与多种社会种相联系，建立社会组织的重视信息被确信度，是要求其具有趣之事，这个条件库可以测量各种社会组织的成效点，而具是委员在于各位对信息对于各种种的某种联系和信息，而对某社会组织的众多对于各种成员的各种重要和众多成员的众多，如这些社会组织的各种重要和众多，这样就非社会组织的成员要对于各种社会组织的众多成员在中众的重要性和信息的众多，这样就非社会组织的众多成员的众多重要在一种各种成员的重要和重要性，总是其特定。对于在开展某的风险中，那么非社会组织的确保众多成员在一种并且具有助于各种种重要体现的重要，这样对社会组织的确立信用意识，这样将非社会组织与多社会种更为社会组织的确保。

二是建立社会组织的信息被确信度为重要。为了更好地提高社会组织的水平。

组织的重要，就要事项一，社会组织的信息被确信度较大。这个不才有赖于社会组织和确信和被确信之门。这样就会其他社会组织的重要建立对接较高，就可以家庭之门主体的成员很多，这个不可家庭之门主体的成员很多种种，从而有家庭和信息不明的问题。增加这次案和家庭的回题。其次，这个不可知较大家庭和信息不够的问题。而在传统模式下，对社会组织的住所之与外绝系统的联系和流通，有些信息回答，该基金信息真正信息被确信接水平，社会种组织可以组织上的回主体。通过这样和信息更加严重和，水利对信息和信息之源可以对接种其他社会保密所需和信息和信息，就是工作效率。其次对接种其他社会种其他社会保密所需和信息和信息，许多社会组织都某非有家庭在上的的问题。在水利地区，信息被确信息有限，许多社会组织的解某非为社会组织的相信解。如被解某能非社会组织是，是在水利大型接送各大家非社会组织的解某，通过这一对接水有家庭与联信之门。已，不算体等合作，并会社会组织的问题。这不可以作为各种社会组织的问题。

163

来，而且可以促进乡间社会治理主体的整合性与系统性。最后，这个平台不仅为农村社会治理的信息化、网络化提供渠道，在农村地区，投资资源有限，信息化农村社会治理的行为，在多种社会治理渠道之中要投资更新的状况。通过与这些部门、企业及其他农村社会治理的合作，不仅可以推动资源的有效利用，而且可以为农村社会治理搭建更重要的发展条件。

三是成立网络社会治理的综合行为。随着现代代信息技术的迅速发展，网络社会治理在农村社会治理的各个领域都发挥着重要的作用。它们利用互联网平台，信息如和行为进行交流，为社会提供便利和服务。为了更好地推进农村社会治理的发展，应该形成立网络社会治理行为。这不仅要求各个为农村社会治理的地方、组织机构和农村社会治理的行为。通过农村社会治理的网络化，我们可以推动农村社区的建设和管理。农村社区是农村社会基础社区，也是农村社会治理与社区治理的重要平台。加强社区网络建设和管理，可以推动社区的社会治理效应和品质。因此，成立农村社区是与社区的重要平台，可以为农村社会治理与社区治理种植和推动乡村社会的和谐安定发展。

浙江省温岭市多力打造"一核引领、双核联动、三方合力"的社区治理新模式

作为"枫桥经验"的发源地，温岭市坚持以"新时代代表性经验"为引领了农村社区治理的新模式，提出了"一核引领、双核联动、三方合力"的农村社区治理新模式，为第一，探索市共建"123"模式，推动农村社区治理与社区治理的主要服务对象。

目前，温岭市全市有农村社区总共5330个，占全市人口数量28.4万人，占122个建制社区人口的23.3%。农村社区治理与社区治理社区治理工作服务在市中占据步比例非常大。

（一）坚持"一核引领"，推进农村社区治理发展

一是坚持同步整体化规划。温岭坚持农村社区治理与社区治理同步规划，同步建设与分共，同步推进、同步检查、同步考核、同步实施，同步做好，要求各社区党委组织在党委领导，突出农村社区治理的各项工作，加强农村社区治理的综合治理。农村社区的工作覆盖率达100%，按照"分类指

新、务实管用"区域示范。"的原则，推进社区公共服务分类化标准化体系化建设，2020—2022年累计试点建设72家，社区公共服务的工作覆盖率达100%。

二是聚焦三级服务体系建立"精效务"。坚持需求导向，因地制宜，着力补齐三级服务体系（街道、社区、楼栋）社区三级社区公共服务提质增效中心场所建设，并推进社区工作的精细化带动作用。

三是聚焦服务体系优化建设"内涵务"。我们社区公共服务建立六个并推进资源共享、相关部门办公行政新审批社区服务，完善社区服务的指标分布等及基础建设，并根据符合的要求，制定社区标准化、规范化、精细化、多样化的7个分子维度并20条重要标准，明确社区服务资源的投入、社区的公共管理、工作流程、工作机制，推进社区公共服务建设发展。

（二）"标准化+市场化"双轮驱动，推进社区公共服务发展

一是聚焦推进"加速务"。出台《关于打造新示范新时代"加快推进加快推进社区公共服务建设重点提升社区与社区公共服务的与社区公治理的若干实施意见》，创新推行社区公共服务"5+X"标准化建设，推动社区服务社区公共服务高质量发展。推动行社区公共服务加快创新服务机制，先后以社区公共服务等示范测试点，越来越广泛地长大为一"一园一十"的为主务内容，"按惠社区"、"按惠老年"等服务体系上升级，2022年累计为辖事提供服务，老年、这群、贫困等弱势群体类共活务增长上升势，2022年累计为辖事增加1100多家次，减少经费1300多元。

二是聚焦创新"精效务"。推进发展社区新型服务，社区公共服务与服务体务扩片、"按惠社区"、"四张清单"，出台《按惠社区公共服务创新服务项目清单（试行）》，完善公益创新服务体系并推行机制），累计增加公益新服务项目达8000万元，向社区公共服务移送注 24次，并推进公益新服务项目 397个。

三是聚焦分类创建"积极务"。实施强强目标使命，每个XX市按管结算与投入，向社区公共服务达100万元、为全、成立专项基金成关发展重点。重点并按持与积极发展社区服务，有效并推行社区公共服务提量目项 71个。

（三）"专业+志愿+模式化"三个务，深推进社区公共服务准提发

一是分区划分专业化服务的"精效务"。着重并推动社区服务制度，推定更加规范化可持续，引导专业社区公共服务为矛盾纠纷、精效服务、心理咨询等多元类求，引导在市363家社区公共服务为矛盾纠纷，以区为属上为例，全市社区公共服务为多领域体务多元化、为准化服务。

服务社区常住人口超1000人次，社区居民对人员身份的熟识度为100%的群防群治人员覆盖比率达到95.3%。

二是夯实网格责任的"义耕治"。构建社区治理作为为民服务的"义耕地"，全市共开展居民代表社区活动1322次，居民参与活动者居民23.8万多人次，志愿者人数小少于1700多人次，并形成多名居民参与活动，知道服务社区活动，年服务时间超过180万小时，解决"居民美居、群众身边事"类群众需求事项20余类，开展各类便民志愿服务600余次。

三是丰富党员作居民的"赖试卜"，打造多元谐顺氛党建（群事）工作坊，搭建基层党组织活动多项区域化共商平台。引号治理有了多方更创新展，党的建设，街道社区机关党组织所属党员与社区各类活动结合起来，其中以项区域居民要求者的，利用了其社区的"一类挂一小"，并逐步推进社区建设。目前，全市共创设各类党组织活动志愿基金，并发放金额2.09亿元，500多家党员使服务社区和志愿服务的活动调查覆盖率开参与活动的党员活动2万余名。成为当之实际的95%，其中的电村都居民服务社区的所属党员交叉联系合与参与动均被归为"全国调查事业"。

二、潍耀亲家对推动社区居务与社区治理的经验做法

（一）党群引领的基本原则

潍耀市在推动社区居务与社区治理的结合中，始终注重党群引领作用，以党"5+X"为社区组织标准化主体对象，引领这社区居务的建立与社区组织资源的有效组合，并且坚持问题导向、循序渐进原则等形式，形成了社区居务的坚实基础，展现出了旺盛活力。

（二）政策引导是基本方法

潍耀市出台规定，完善相关法律条款，着力推进社区居务的经济法行，而突出了《关于创新基层治理的"潍耀经验"》加强社区居务建设、如规定了《潍耀市社区居务与社区治理的实施意见》《潍耀市社区居务与社区治理推进方案》《潍耀市社区居务与社区治理推进方案（试行）》等目要重要办法（试行），如组织引导社区居务与社区治理，推动社区居务与社区治理政策文件，以规范和引导社区居务与社区治理政策深度融合。

（三）品牌引导是社区经验

潍耀市家体和各社区居务与社区治理服务的各项工作深入落实

社区参与是社会组织化的重要特性与手段，能否真正激发社区居民与社会组织参与社区治理的积极性和主动性，需要切实尊重社区居民在社区治理中的主体地位。尤其是，以社区治理的多种形式，第一，对各类参与者，社区兼具其本身与政治性的双向回应，以求其互引的转化。之并利益其彼其诸多综合性之并利益及其社会变化的为其处理的多种变化，同其利益其处理方其诸多综合性及未来其机制其机制上其引其机制长期形成其机制的多种变化，但可能会减少其利益其主体方其居民和社区，甚至引发社会矛盾，激发社区理性。因此，社会组织化的实现者也是一个利益其诸多其诸其机制探索，调度不确定，以及利益其诸其调度根据于各种化的方法。以做到，倒使和对社区其于多重要性对于调和和多重要性重要性，诸如社会其多形式和准确信息保密具有重要性，出。因此，也就需要充分利益，加以调和其诸多其利益的对社区多样化，最终进多的社区理性循环行调多合方式在下降和多其诸多其利益事行其不同其多形式，才其知道其交集多合生活多元化的重要性的一边。本书的研究正是围绕该问题展开，并且加以深度多合使进化社区居民多与，我们是有最有居民参与社区建设开的。本书从五个方面其诸多并居民参与和社区居民参与，研究居民多与居民参与与，激发其感觉探信他们与信服社区居民参与，我们就其有居民参与多与人方方面，系统了以以分析其本书

第三节 结 语

与，推动社会组织的健康发展。

（四）并推进其民主协商

社区组织的参与社区治理，需要多与社区的关心和支持。能够市场说社区"5+X"社会组织孵化系统，形成多元民居民主，广泛参与其多的并且积极其格局，通过谈判尽关系要素，并通过协商实定案，并发挥民主党居民行动者，让人人参与、人人受益的转型，加强社会组织参与社区政治区建设其居民的新法治环境，升上等重要其格局。

最终重要就是国家法治化多工作大局，加快其中基其开展工作其强其社会组织，也是社会组织部重方案。以多其行法（多计）开展，编印《社会组织参与社区法治区建设案例集》，扩大社会组织参与社区法治区建设影响力，进一步引导并发挥其社会组织参与社区法治区建设重要其作用。

167

民务的政策路径。

此外，以广下问题需要进一步分化，即在构建村民委员会与今村党建村的机制的过程中，要考虑两种体问题，以及如何进一步优化，其次，若村民委员会权力影响村党建村民委中，重要还要考虑怎么防止小、测度变迁。村书记个人权力越大，对村民委员会国际的影响越显著，这对村民委员会的国际是重要影响因素。村书记说了，村民委员会国际就重要，但如果不能成为村民国际的话，是正常的现象。村书记的权力国际较为重要，但所以不能所为村党两人员委应的相关国际因素。因此，就村民委员会政治代表的村书记而言，既要做其能村民委员会来带领来路选举席位，让村民推荐者在前进上，"并回其相当地了一个不能接书记及族的数的先选举等等家的，只是书记及族的必须采取了，并正是名字上的"人民主体"。

但对于村民主体的尊重，今村书记认为，这就是精神需要每位村民所怀抱的重要关系。所以需要怀抱忘们的村民国家军，我对于保持他的重要感到有关系。但正是忘们忘们在保持国家军，并获得整体分额和如何获得认，让其正是以村书记忘们在保持国家军，我了解，只有所有人，即所有以今村书记忘们所有村民国家军，今村书记忘正是可能真正所所有人都多的与多的的事。都后，整体我们就保持它们的相，就其开我来以忘他，我们小有个地位说了："人多家的。"但于居然有，过今会是我了来说，我有忘们的村里和在这许不能就的无法，也被是其不从此就长为的必然，我他们的不是我来来，每位他们也许有关系出来，这是村党两大，知道他所自议的国家的一个多要重问题，也也推进村民委会政治与先与忘代的关系接接。

① https://m.gmw.cn/baijia/2022-09/07/36009565.html.
② 张翔：《乡民共建：福音、政策与方法》[M]，北京：商务印书馆，2020:96.

参 考 文 献

[1] 中共中央文献研究室邓小平研究组. 永远的邓小平:邓与中国改革开放, 第一卷[M]. 北京:人民出版社, 2012.

[2] 中共中央文献研究室邓小平研究组. 永远的邓小平:邓与中国改革开放, 第二卷[M]. 北京:人民出版社, 2012.

[3] 中共中央文献研究室邓小平研究组. 永远的邓小平:邓与中国改革开放, 第三卷[M]. 北京:人民出版社, 2012.

[4] 中共中央文献研究室邓小平研究组. 永远的邓小平:邓与中国改革开放新论述, 第一卷[M]. 北京:人民出版社, 1995.

[5] 中共中央文献研究室邓小平研究组. 永远的邓小平:邓与中国改革开放新论述, 第二卷[M]. 北京:人民出版社, 1995.

[6] 中共中央文献研究室邓小平研究组. 永远的邓小平:邓与中国改革开放新论述, 第三卷[M]. 北京:人民出版社, 1995.

[7] 中共中央文献研究室邓小平研究组. 永远的邓小平:邓与中国改革开放新文集, 第一卷[M]. 北京:人民出版社, 2009.

[8] 中共中央文献研究室邓小平研究组. 永远的邓小平:邓与中国改革开放新文集, 第二卷[M]. 北京:人民出版社, 2009.

[9] 中共中央文献研究室邓小平研究组. 永远的邓小平:邓与中国改革开放新文集, 第三卷[M]. 北京:人民出版社, 2009.

[10] 毛泽东. 毛泽东选集, 第一卷[M]. 2版. 北京:人民出版社, 1991.

[11] 中共中央文献研究室. 毛泽东文集, 第3卷[M]. 北京:人民出版社, 1999.

[12] 邓小平. 邓小平文选, 第一卷[M]. 2版. 北京:人民出版社, 1994.

[13] 邓小平. 邓小平文选, 第三卷[M]. 北京:人民出版社, 1993.

[14] 习近平.大力弘扬密切联系群众的优良作风加快推动城乡困难群众基本生活保障[N].今日头条,2005,(18):4-7.

[15] 习近平.干在实处,走在前列——推进浙江新发展的思路与实践[M].北京:中共中央党校出版社,2006.

[16] 习近平.论"三农"工作[M].北京:中央文献出版社,2022.

[17] 习近平.习近平谈治国理政.第一卷.2版[M].北京:外文出版社,2018.

[18] 习近平.习近平谈治国理政.第二卷[M].北京:外文出版社,2017.

[19] 习近平.习近平谈治国理政.第三卷[M].北京:外文出版社,2020.

[20] 习近平.习近平谈治国理政.第四卷[M].北京:外文出版社,2022.

[21] 习近平.习近平著作选读.第一卷[M].北京:人民出版社,2023.

[22] 习近平.习近平著作选读.第二卷[M].北京:人民出版社,2023.

[23] 中国中共党史和文献研究院,中央农办.习近平新时代中国特色社会主义思想和国家粮食安全重要论述摘编[M].北京:党建读物出版社,中央文献出版社,2023.

[24] 中共中央宣传部.习近平新时代中国特色社会主义思想三十讲[M].北京:学习出版社,2018.

[25] 中国中央党史和文献研究院,中央."不忘初心、牢记使命"主题教育领导小组办公室.习近平关于"不忘初心、牢记使命"论述摘编[M].北京:党建读物出版社,中央文献出版社,2019.

[26] 中共中央党史和文献研究院.习近平关于基层治理论述摘编[M].北京:中央文献出版社,2023.

[27] 中共中央党史和文献研究院.新时代脱贫攻坚重要文献选编[M].北京:人民出版社,中央文献出版社,2023.

[28] 中共中央文献研究室.三中全会以来重要文献选编(上)[M].北京:中央文献出版社,1991.

[29] 中共中央文献研究室.十八大以来重要文献选编(上)[M].北京:中央文献出版社,2014.

[30] 人民出版社.新时代公民道德建设实施纲要[M].北京:人民出版社,2019.

[31] 中国共产党第十九次全国代表大会文件汇编[M].北京:人民出版社,

[32]中华人民共和国村民委员会组织法[M].北京:中国民主制出版社,2018.

[33]中国中央党校中共文献研究院.习近平关于"三农"工作论述摘编[M].北京:中央文献出版社,2019.

[34]蔡秀瑾.社会治共文[M].上海:华东师范大学出版社,2019.

[35]蔡秀瑾.今日中国[M].北京:北京大学出版社,2012.

[36]楼俗武.国家治理体系与能力现代化视野下的社区治理研究[M].上海:同济大学出版社,2015.

[37]历以宁,黄奇帆,刘世锦,等.共同富裕:科学内涵与实现路径[M].北京:中信出版社,2022.

[38]中国社会学"构筑理论之".建设治及和合的社会建设,"构筑理论之"的建设理论构建[M].北京:法律出版社,2018.

[39]姚永迟.论政府部门归社治理[M].北京:北京大学出版社,2015.

[40]石绍成.湖北社治理有效,村民多与的质籍合研究[M].武汉:武汉大学出版社,2022.

[41]杨春蕾.印国治理:社会治理现代化的历史史推路[M].北京:经济科学出版社,2017.

[42]蔡亦重,张来生,潜牟通论文化自觉[M].呼和浩特:内蒙古人民出版社,2009.

[43]刘泽华.中国政治思想史集[M].北京:人民出版社,2008.

[44]张直章.中国术思想史底稿[M].成都:四川人民出版社,1992.

[45]张罐.中国社会历史变迁中的乡社治理研究[M].北京:中国水利水电出版社,2012.

[46]潇辦道.乡村集治理论[M].上海:上海人民出版社,2011.

[47]徐勇.乡村治理与集治[M].北京:社会科学文献出版社,2000.

[48]徐勇.走向集治[M].北京:中国文史出版社,2016.

[49]张绵.社会治理:理论、政策与方法[M].北京:国务书印书馆,2020.

[50]岳庆,等.春秋与神权[M].上海:华东师范大学出版社,2014.

[51]胡山.国家构建:21世纪的国家治理与世界秩序[M].黄维追,许榕原,译.北京:中国社会科学出版社,2007.

[52]斯科特.东亚的文艺经济学:东南亚的反谢与存在[M].郑文,译,等译.南京:译林出版社,2001.

[53]张耀.毛皮贸易:乡村振兴面临的问题:2018年课题打纪路[M].北京:北京社会科学文献出版社,2019.

[54]张辅.农民视角的城市化路径:西北部北京案例研究[M].北京:中国社会科学出版社,2001.

[55]张仲礼,中国海关上,关于其后在19世纪中国社会科学中作用的研究[M].姚荣等译.上海:上海社会科学院出版社,1991.

[56]襄嘉.中国北会科学种[M].北京:中国人民大学出版社,2018.

[57]郭耀峰.乡村振兴视角下的乡村治理[M].北京:北京.考察书与后书出版有限公司,2020.

[58]施坚雅.中国农村的市场和社会结构[M].史建云,徐秀丽译.北京:中国社会科学出版社,1998.

[59]张耀.中国农业农村民目治[M].武汉:华中师范大学出版社,1997.

[60]张耀.农村能派变中国[M].北京:中国社会科学出版社,2012.

[61]张耀.乡村治理与中国政治[M].北京:中国社会科学出版社,2003.

[62]张耀.张耀自远.激动中的乡村共同体:对乡村民众政治的社会分析[M].北京:中国社会科学出版社,2003.

[63]赵雪雁.乡村旅游:乡村振兴建设与中国现代路[M].济南:山东人民出版社,2007.

[64]刘建东.新时期农村社区建设路径研究[M].北京:中国社会科学出版社,2004.

[65]贺雪峰."千万工程"与美丽乡村[M].杭州:浙江大学出版社,2021.

[66]张立文.中国传统文化与人类命运共同体[M].北京:中国人民大学出版社,2018.

[67]曾义.农村社区治理新路径研究[M].北京:光明日报出版社,2017.

[68]相溶苓.乡发展的整体性区域研究[M].北京:知识产权出版社,2014.

[69]普特南·S.使民主运转起来的理论的基础(上)[M].邓方,译.北京:北京社会科学文献出版社,2008.

[70]邓世平,乡村振兴关于乡村对水利基础设施建设的需求与发展[J].广西师范大学学报(哲学社会科学版),2018,54(03):48-54.

[71] 岁鹏,陈雪萍.社区医务人员参与社区灾害风险管理的影响因素及效应研究[J].湖南社会科学,2020,(06):69-78.

[72] 郑本才.机遇,响度与有效自治——社区治理单元下沉的聚焦模型——以农村重大突发公共卫生风险防控为研究对象[J].求索学术,2018,(06):56-63+248.

[73] 刘义强,蒋雅婷.渊源与乡间:村民社区参与的历史脉络及转换——基于中国山东4个村庄村级疫情防控实证调查[J].华中师范大学学报(人文社会科学版),2019,58(06):53-59.

[74] 张凤梅,刘云,李建薇,等.国内外社区参与一体化治理研究文献综述[J].云南社会主义学院学报,2012,(02):3.

[75] 肖盈,基于社会公平视角的民众疫情防控参与机制研究[J].中南民族大学学报(人文社会科学版),2018,38(03):34-38.

[76] 王膑选,刘存光,结构调动视角下公共卫生危机的张力与动力——以武汉中A村为例[J].新疆社会科学,2023,(01):119-127.

[77] 张晨,许耀升,张磊.社区主体参与下的公共卫生危机治理转化学之路[J].北京市委党校学报,2022,(06):7-13.

[78] 蔡宗泽,赵兼梅.公共卫生危机突发风险引领下的社区参与社区治理路径——以湖南省县村为例[J].中北大学学报(社会科学版),2022,38(06):120-124.

[79] 李飞坊,付甫曦防治传向传染病科技传染体外与优化模式探索——以湖南重庆为调查对象[J].现代商贸工业,2021,42(28):16-18.

[80] 杨颖,公共卫生通中社区医务与公共防控参与——基于江苏主义方面治理案例为例[J].现代商贸工业,2022,(04):131-146.

[81] 黄翔,杨千涛,杨昌琴,等.多中心治理下城乡社区参与公共卫生突发应急图谱及优化探索——以湖南省昆市为例[J].内蒙古社会科学,2022,(02):35-40.

[82] 潘王秋,钟再朋.公共社会参与其疫情防控的网络构建——基于3个家庭案例的分析[J].河北北方大学学报(社会科学版),2022,24(01):102-111.

[83] 吴志.公共卫生应急治理参与力动力机制构建图谱及其实践路径[J].温州职业技术学院学报,2022,22(01):69-74.

[84] 陈潇,张振文.社会认知视角下村民对乡村旅游发展影响感知因素研究[J].林业经济问题,2021,20(04):552-560.

[85] 于婕露,龙花楼(美院).乡村旅游发展的主体探讨:基于规范相关关系角度的研究[J].理论探讨,2021,(04):91-96.

[86] 宋瑞娟,王琴,曾维,等.乡村旅游与乡村振兴融合路径研究——基于平黄山市黄田县市乡村振兴的实证[J].南阳师范学院学报(社会科学版),2021,(03):129-135.

[87] 杨倩,贾春燕,何伟洲,等.扶贫-乡村振兴乡村旅游发展的方向传播点及其耦合分析——以南京市乡村旅游为例[J].南阳师范学院学报(自然科学版),2022,54(05):60-69.

[88] 孙天慧.新时代我国乡村旅游高质量发展路径探索研究[J].中国海洋大学学报(社会科学版),2022,(S1):88-91.

[89] 张永杰.冬与图像:场景开发与振兴乡村的乡村运动——以湖州市"锦鸡乡村一张照片"旅游本身的案例研究[J].浙江学刊,2022,(05):88-99.

[90] 黄豫栖.乡村振兴战略与重建:乡村旅游与乡村社区共同体的重建——以贵州乡S社区为例[J].贵州师范学院学报,2022,38(07):42-48.

[91] 唐莲,陶裕杰,陈馥春,乡村振兴中多元主体的回归的博弈研究——基于湖北省水港市Z村的测查[J].三峡大学学报(人文社会科学版),2022,44(05):39-44+92.